「原価」と「黒字」の法則

知らないと
ヤバい

公認会計士・税理士
梅田泰宏

日本実業出版社

「コスト意識」が、ますます必要になる！───まえがき

　会社が利益を上げるには、
①売上を上げる
②コストを下げる
　簡単にいえば、この2つの方法があります。

「入るを量りて出ずるを制す」

　古くからいわれてきたことです。しかし今、売上をアップさせるのはなかなか難しい状況。そこでコストダウンが必要になるのです。

　戦後最長といわれた日本の景気拡大は、実は2018年の10月に景気の山を迎えていたと発表がありました。その前の景気の山から71か月だったので、戦後最長記録の更新にはならなかったようです。
　この景気拡大期間は、個人の所得が伸びず、個人消費も伸び悩む**「実感なき景気拡大」**でしたが、それに輪をかけるように、日本は景気後退局面に入っているわけです。
　その景気後退に追い討ちをかけるように、経験したことのない大きな災害や、これも経験したことがない世界的な感染症の流行などが続きました。しかし、それらがなかったとしても、日本の景気後退の状況に変わりはなかったことでしょう。

　このような経済情勢で、**企業に求められているのはコスト・マネジメント**です。売上が伸びず、かといって価格を下げて売ろうとすれば、今度は利益が減ります。

●原価のことがわかるようになると得する理由

　利益を確保するには、コスト（原価）をきちんと管理し、コストダウンを図るしかありません。

これまで原価に無関心だった営業職の人も、総務・労務・経理といった事務職の人も、原価に対する強い意識──「コスト意識」を求められているのです。この状況は当分の間、変わらないでしょう。

　では、コスト意識を持って原価のことがわかると、どんなことが可能になるのでしょうか。

①間違いのない値決めや値引きができます

　モノの値段というのは、簡単にいえば原価に、売る側が期待する利益を乗せたものです。原価がわかれば間違いのない、利益が出る価格設定ができます。

　また、営業の現場などでは、どこまで値引きしても大丈夫か、利益が出るか、きちんと判断することが可能です。

②上手なコストダウンができます

　原価は、ひとかたまりのものではなく、いくつかの要素の組み合わせです。原価の中身がわかると、どの要素の原価低減が可能か、どこをコストダウンすれば効果的かなどが、わかるようになります。

　行き当たりばったりではなく、効果的で上手なコストダウンができるようになるわけです。

③ビジネスで「儲かる」しくみがつくれます

　間違いのない値決めや値引きができて、上手なコストダウンができれば、後は売上を上げるだけです。売上を上げるのも簡単ではありませんが、結果はしっかりついてきます。

　つまり、売上が上がるほど、利益が順調に増えるという、ビジネスで「儲かる」しくみがつくれるのです。

④いろいなビジネスのしくみがスッキリ理解できます

　よくいわれる「大量生産のメリット」などは、原価がわかるとスッキリ理解できます。知らない人には、わかりやすく説明してあげるこ

ともできるでしょう。

　また、原価のしくみから自分の人件費のしくみなどもわかり、コスト意識を持って会社の利益に貢献することもできます。

　原価のことがわかると、以上のようなことが可能になります。

　とはいえ「原価」と聞くと、何やら難しい数字や計算式を操って、面倒な集計をいろいろと重ねているイメージがあるかもしれません。

●ストーリー形式で、やさしく説明しました

　そこでこの本では、原価にドシロウトの「コスパ重視の女性秘書」さんに登場してもらいました。人一倍の好奇心を武器に、お偉いさんたちに原価のからくりを聞いて回って、いろいろ調べてもらおうというわけです。

　話を聞いて回ったのは、直属の上司の秘書課長から、総務部長、経理部長、工場長、労務部長、製造部長、副社長、顧問税理士と、総勢8人にのぼります。

　プロローグでは、そもそも**原価とは何か**という話をしてもらいます。どこまでが「原価」か、販売業の「仕入原価」と製造業の「製造原価」、会社の「売上原価」といった話です。

　次に**第1章**では、**原価の中身**を見てもらいます。「材料費」「労務費」「経費」、「直接費」と「間接費」、「販売費および一般管理費」、それに原価にならない「非原価項目」などの話です。

　第2章からは、**「原価計算」**の話です。正確な材料費・労務費・経費を計算するために、原価計算がどんな考え方をして、どんな計算をしているのか、見ることができるでしょう。

第3章では、原価計算の手順を追って、**原価の全体**を通して見てもらいます。最初はバラバラだった原価が、いくつかの分類や集計、割り当てや振り分けを通じて、最後は「単位原価」、つまり、「製品1個当たりいくら」に至るまでの道筋です。

　第4章では、一般的な原価計算ではない、**特性に応じた3つの原価計算**を見ていきます。原価を管理する「標準原価計算」や、将来の計画や分析に使える「直接原価計算」、会社の体質改善や利益の見通しに役立つ「損益分岐点分析」などを紹介します。

　エピローグでは、**新しい原価計算の考え方**がテーマです。サービスのコスト管理ができる「ＡＢＣ」や、それを利用した「ＡＢＭ」、そして原価計算の制度の外にある「機会原価」などを取り上げます。

　本書はあくまでも「原価」の教科書です。本書を読んで原価計算ができるようになったりはしませんが、その代わり、原価についてひと通りのことを知ることができます。コスト・マネジメント、すなわち原価管理や、コストダウンのヒントも得られるでしょう。
　そして何より、読者のみなさんのコスト意識に役立つはずです。この本を読まれた方のコスト意識が、以前にも増してより一層、磨かれることを願っております。

2021年1月

公認会計士・税理士　梅田泰宏

知らないとヤバい「原価」と「黒字」の法則◉もくじ

「コスト意識」が、ますます必要になる！……まえがき
本書の登場人物紹介

第 **2** 章　「原価計算」って何をするの？
──工場長と労務部の部長に聞いちゃいました

第 **3** 章　**実際の「原価計算」を見たらギモンがとけた**
――製造部の部長に聞いちゃいました

第 **4** 章 上手な「原価管理」の方法、あります！
——次期社長に提案しちゃいました

カバーデザイン／志岐デザイン事務所（萩原 睦）
イラスト／角 一葉
本文DTP／一企画

舞台は、中堅の製パン会社「麦田パン」。
そこそこ名の知れた存在で、儲かっているように見える。
しかし、実態はまったく違い、赤字続きだ。
社内の情報通の話によると、
原価無視の販売手法が赤字の原因ではないか、とのこと。
「この会社、コスパが悪すぎ！　何とかならないのかしら？」
副社長の秘書でもあるケイ子さんが、持ち前の好奇心で動き出す。
なにしろこのままでは、副社長が社長になったとき、
苦労するのは目に見えている……。

高井ケイ子
秘書課に配属されて3年目。「それってコスパ、いいの？」が口癖。社内の噂をきっかけに、会社の原価が気になり、各部署を駆け回って、情報を、根ほり葉ほり聞き出す。

副社長
社長の息子。営業部門の統括責任者。イケメンだが、二代目だけに、やや呑気。「要は多く売ればいいんでしょ」と思っているのか、利益度外視の販促やPRをやりたがる。

秘書課の上司（課長）
ケイ子の上司。社長（副社長の父親）のスケジュール管理が主な仕事。

労務部長
労務管理が主な仕事だが、社内ハラスメント相談室の室長でもある。

総務部長
秘書課を管理している総務部の管理職。社内での陰のあだ名は「仏」。

工場長
現場たたき上げの職人。副社長を生まれたころから知るベテラン社員。

経理部長
「ミスなくモレなく」が口癖の経理責任者。期末になると鬼の形相に。

ウメダ先生
麦田パンの顧問税理士。税金以外の相談にも乗ってくれる心強い先生。

製造部長
ものづくり一筋。心理テストが趣味で、相手の心理を探るのが好き。

そもそも「原価」って何ですか?

秘書課の上司に聞いちゃいました

1 そっか、「狭い意味の原価」と 「広い意味の原価」があるんだ！

つくって売るためにかかった費用だけが原価です

課長、課長！　聞きましたよ。ウチの次期社長……じゃなかった副社長が、役員会でつるし上げられたんですって!?

つるし上げられたって、そんな大げさな。社長が、赤字の原因を副社長に問いただした、ってだけだよ。自分の息子を叱っておいたほうが、他の役員の反発を受けないで済むからね。

副社長かわいそうですね、副社長のせいじゃないのに……。だいたいウチの商品は原価、高すぎじゃないですか!?　だから赤字なんですよ。

おっ、「原価」ときたね。高井くんは、原価にも詳しいんだ！ほう。

何ですか、その「ほう」ってのは……。

●いろんな原価があるんだよ〜

　私たちは日常の会話でも、気軽に「原価」という言葉を使います。

　たとえば、「この商品は原価がかかってそう」とか「原価は安いけど手間がかかってる」といった具合に、よく使いますね。深い意味はなく、漠然と元値などの意味で使っていることもあります。

　でも、ビジネスで「原価」というときは、きちんとした意味をちゃんと知って、原価という言葉を使わなければなりません。

あれ？　私、何かヘンなこといいました？　工場にいる同期が、いい材料を使ってるって自慢してましたよ。

やっぱり。高井さん、原価って材料費のことだと思ってない？

 え、違うんですか？　やっぱ原価といえば材料費でしょ。

　たとえば夕食のカレーの原価といったときは、材料費のことかもしれません。肉が○○円でじゃがいもが○○円、玉ねぎが……。

　でも、ケイ子さんの勤務先はパン工場ですから、材料の小麦粉などのほか、工場でパンをつくっている人の給料も原価になります。

●「手間」も原価になるの？

　その意味では、「原価は安いけど手間がかかっている」は間違いです。

　手間がかかると人件費が増えるので、原価は高くなります。

　そのほか、パンを焼くときの**水道代、ガス代、電気代をはじめ、さまざまな経費も原価です**。要するにパン工場の場合、パンをつくるためにかかった費用がすべて原価なのです。

 あ、そうなんですか。でも、そういう原価が高くて赤字になっても、副社長のせいじゃないですよ！　副社長は営業統括のほうの責任者で、原価の責任者じゃないんだから。

たしかに、狭い意味の原価ではね……。

 狭い意味？　広い意味の原価があるんですか？

　狭い意味の原価は、たしかに工場でパンをつくるときにかかる費用だけです。しかし、パンをつくって売る費用は、それだけではありません。

　たとえば、パンを売るためには営業部員の人件費や、交通費、接待

13

交際費などの営業活動の経費が必要になるはずです。また、製造部がパンをつくって営業部が売るためには、総務部、労務部、経理部といった後方支援の部署の仕事も必要になります。

　これらの部署では材料費はかかりませんが、人件費と、さまざまな事務の経費がかかります。これらの費用も広い意味の原価になります。

だから広い意味の原価は、俗に「営業所の原価」「本社の原価」などともいうんだ。

●どこまでがパンの「原価」？●

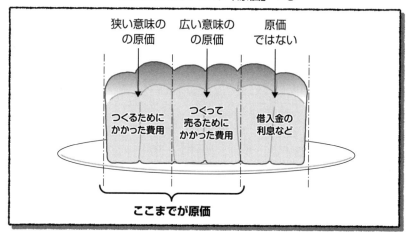

狭い意味の原価	広い意味の原価	原価ではない
つくるためにかかった費用	つくって売るためにかかった費用	借入金の利息など

ここまでが原価

会社でかかる費用は、何でもかんでも、広い意味の原価に入るってことかー。広い意味では、原価って「費用」と同じじゃないですか！

それがそうでもないんだなあ。たとえばこのあいだ、銀行の融資を受けてパンを焼く機械を増やしただろ？　あの借入金の利息は……。

　この利息、普通に考えると原価のようですが、実は違います。

●借入金の利息は原価には含めないんです

　借入金の利息などは、会社にとってみれば他の費用と同じ、必要な費用でしょう。しかし、原価には含めません。**借入れは会社の資金繰りの都合からしたことで、パンの製造・販売に直接、関係しないからです。**

　窯を増やしたことは、パンをつくって売ることに関係しますが、その資金がどこから出たかは関係ありません。

　で、借入金の利息などを除いたものが広い意味の原価で、それによる赤字は営業統括の副社長にも責任があると？

　うん、何しろ今、問題になってるのは営業赤字だからなあ。

　何です？　その営業赤字って。

　営業利益が赤字になることを、営業赤字といいます。

●大ざっぱに「営業利益」というものを説明すると……

　営業利益とは、ものすごく大ざっぱにいうと、売上高から狭い意味の原価を差し引いて、さらに広い意味の原価を差し引いた残りの利益です。

　むちゃくちゃ、大ざっぱですねえ！

　会社が本業以外で行なった投資の利益や、災害などでこうむった臨時的な損失などは含みません。そのため、会社の本業での儲けをあらわす利益とされています。

　会社の本業での利益が赤字？　それって、ヤバくないですか。
　うーむ、これは副社長に何とかしてもらわなければ。

●本業での儲けが赤字はヤバい●

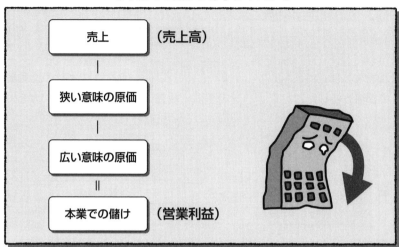

売上	（売上高）
ー	
狭い意味の原価	
ー	
広い意味の原価	
＝	
本業での儲け	（営業利益）

その面でも、副社長をサポートしてあげてください。

はーい。それにしても課長って、何でもよくご存じなんですね。原価とかは直接関係ないのに……。

秘書やってると、経営者の後をついて回るから、いろんな話を聞くんだよ。ま、これくらいは秘書の常識ってとこだね、わはは。

つまり私には秘書の常識がないとおっしゃりたいので？

いや、その、あれだよ……、とんでもない。そういう深い意味はさらさらなくて、逆に熱心だなあ……と。

それ、ほめてるんですか……。

② ウチの会社は「仕入原価」？それとも「製造原価」？

狭い意味の原価は販売業と製造業では違うんです

 よし！　なんだか燃えてきたぞ。課長、もう少し原価について教えてください。

 それじゃ基本の狭い意味の原価についてもう少し説明するかな。高井さんは新卒で入社したから、ウチのような製造業しか知らないよね？

 それが実は学生時代、ファッション誌の読者モデルやってました。熱海サンビーチでグラビア撮影もしたことがあるんですよ。うふふ♡

 まあそれは今は置いといてー。製造業でない、小売業や卸売業など販売業の会社では、狭い意味の原価はわりと単純なものになるんだよ。

 あ、無視された。……まいいか。そりゃそうですよね。仕入れた値段がそのまんま原価になるわけでしょうから。

 ところがドッコイ、そうは問屋が卸さない。

 ドッ、ドッコイ？　ドスコイ？　何ですか、そのお相撲みたいなの。パンの卸売もしているから問屋？（「職場で聞いたオッサン語」として後でＳＮＳに投稿するか……。）

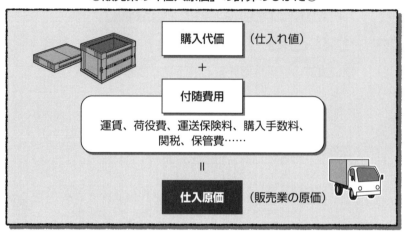

●販売業の「仕入原価」の計算のしかた●

購入代価 （仕入れ値）

＋

付随費用

運賃、荷役費、運送保険料、購入手数料、
関税、保管費……

＝

仕入原価 （販売業の原価）

●仕入原価は簡単そうで面倒な点もある！

　販売業の会社では、狭い意味の原価を「仕入原価」といいます。商品を仕入れるためにかかった原価というわけです。

　というと、商品の仕入れ値のことと思うかもしれませんが、仕入れのために仕入れ値以外の費用がかかることもあります。**たとえば、運賃、積み降ろしの費用、運送保険料、購入手数料、輸入の場合の関税など**です。

　また、仕入れた後も在庫の整理・保管のための費用がかかることがあります。これらを仕入れの「付随費用」といいます。

　仕入原価は、商品の仕入れ値（購入代価）に、これらの付随費用を加えたものです。

これが、わりと単純な仕入原価の計算だよ。では、ウチのような製造業の会社の狭い意味の原価はというと……。

要するにパンをつくるためにかかった費用の合計ですよね。

そういうと簡単そうだけど、これが簡単ではないんだな。

　製造業の会社で、製品をつくるためにかかった原価を「製造原価」といいます。製造原価は狭い意味の原価ですが、その範囲はけっして狭くありません。**工場でかかった費用のほとんどは、製造原価になるといってもいいくらいです。**

　しかも、工場では通常、ラインをいくつかに分け、複数の種類の製品を同時並行でつくっています。その原価がどのラインで、どの製品製造にかかった原価かを分類したり、分類できない原価は適当な基準で振り分けたりもしなければなりません。

うわー、たいへんそう。工場の費用のほとんどが製造原価なんて、気が遠くなりそうですね。

そこで製造原価の計算には、どの費用をどう集計して、どんな計算をするのか手順が決められている。このルールが「原価計算」なんだ。

　「原価計算」も私たちが日常会話などで使う言葉ですが、言葉の正確な意味は、製造原価を計算する手続き、ルールのことです。

●原価計算について、まずサクッと押さえよう

　後で詳しく説明しますが、原価計算では製造原価を３つの要素に分類して集計します。材料費の要素、人件費の要素、その他の経費の要素の３つです（→P38で解説）。ちなみに、材料の仕入れで付随費用が発生したら、それも製造原価の要素として集計されます。
　このような集計をしたうえで、それをラインごとに振り分けて、最後には工場で製造する製品ごとに、１個当たり製造原価がいくらと計算するのが原価計算です。

あれ？　じゃあ、仕入原価の計算のことは原価計算といわないんですか？

いわないねぇ。仕入原価の原価計算なんて、工場の人の前でいったら笑われるから、気をつけてね。

●製造業の「製造原価」の計算のしかた●

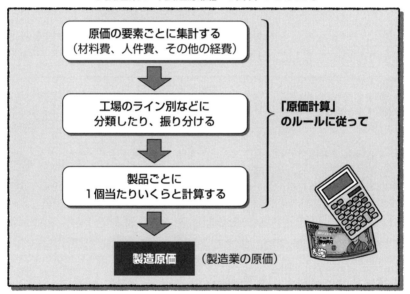

　さらに、原価計算の話の中で「原価」といったときは、基本的に製造原価のことを指しています。**製造原価こそが、最も狭い意味の「原価」なのです。**

　なお、製造業の製造原価、販売業の仕入原価のほかにも「原価」という用語を見かけることがあります。

　たとえばサービス業では、サービスという意味の日本語から「役務原価」という用語を使うことがあり、決算書などでそう表示されてい

ることがあるものです。

　また建設業では、一般の会社の売上高にあたるものを「完成工事高」と呼ぶので、「完成工事原価」という用語を使うことがあります。

なるほど。これが「狭い意味の原価」なんですね。でも、原価には広い意味の原価もあるから、それも加えて見ないと商品の本当のコスパはわからないのでは……。

コスパ？　ああ、コストパフォーマンスのことね。

コスパは大事ですよ。私はランチでもお洋服でも、コスパを最重要視しますね。値段が安けりゃいいわけじゃないんです。コスパがよくなくちゃ。もちろん、高いより安いほうがいいに決まってるので、理想は同じコスパで値段が安いってことですね。でも少し安いくらいじゃ……。

（コスパがいいの悪いの、値段が高いの安いのって、高井さんの話、長いなあ。意外にお金に細かいケチなのかも？　これじゃ高井ケイ子じゃなくて、安いケチ子だよ。）

何かいいました？

い、いいえ。何もいってませーん。

21

私の人件費、パン1個につきいくら？

広い意味の原価は「販売費および一般管理費」です

> じゃ次は、広い意味の原価の話ですね。広い意味の原価もわからないと、本当のコスパがわかりませんから。

> えっ、まだ続けるの!?（コスパはわからなくていいと思うけど……。）

広い意味の原価は、たとえばケイ子さんの人件費です。ケイ子さんは副社長の秘書ですから、その人件費はどのパンの原価と決めることができません。

副社長の仕事は、会社の売上全体に及ぶからです。

ましてや、原価計算をしてケイ子さんの人件費はパン1個につきいくら、なんて計算はできないでしょう。

ですから、たとえばケイ子さんに今年度、ン百万円の人件費がかかったとしたら、それはいわば今年度という期間の、会社の売上高全体、ン十億円に対する原価と考えることができるのです（これを「期間原価」と呼ぶこともあります）。

> や……ややこし！

これは、ケイ子さんに限りません。工場以外で働くすべての人の人件費や、それらの部署で発生する経費について、同じことがいえます。

> こういう原価には、製造原価や仕入原価みたいな名前はないんですか？

◉広い意味の原価は「販売費および一般管理費」をプラス◉

販売にかかった費用

営業部門の人件費
営業のための経費
（交通費、交際費など）
営業所の家賃・水道光熱費

など

販売費

および

一般管理費

一般の管理にかかった費用

総務・労務・経理部門など
の人件費
総務・労務・経理の経費
（交通費、消耗品費など）
本社ビルの減価償却費・
水道光熱費　　　　など

狭い意味の原価にこれらをプラスすると広い意味の原価

「営業費」なんていう人もいるけど、決算書なんかには「販売費および一般管理費」と書いてあるね。

うーん、イマイチのネーミングだな。「販売原価」とか「管理原価」にすればよかったのに。

おいおい、勝手に専門用語つくるなって。

　広い意味の原価は、あくまでも広い意味での原価ですから「○○原価」という名前は付いていません（強いていえば「期間原価」です）。一般的には「販売費および一般管理費」と呼んでひとくくりにします。

　後でもう一度説明しますが（→P54で解説）、**簡単にいうと商品や製品を売るためにかかった費用が「販売費」で、総務・労務・経理など管理業務の費用が「一般管理費」**です。そのため、販売費は「営業所の原価」、一般管理費は「本社の原価」と呼ばれるのです。

　いずれにしても、製造原価・仕入原価など狭い意味の原価に、この販売費および一般管理費を加えたものが、広い意味の原価になります。

④ 会社でかかる費用は全部原価、じゃない？

原価にならない、してはいけない費用があるんです

ここまでが広い意味の原価、っと（メモ、メモ）。あれ、もう終わり？　な〜んだ、原価なんてカンタンじゃないですか。

そういうなら、これ以外の、原価じゃない費用をいってみて。……ほら、いえないでしょ？　やっぱりカンタンじゃないんだよ。

　原価でない費用の第1は、製品の製造や商品の販売など、会社の本業（経営目的）に関連しない費用です。たとえば、ケイ子さんたちの会社が本業でない株式投資に手を出し、それにかかった費用や、投資の損失もパンの原価だといい張ったらどうでしょう。

　そうやって計算した原価を元に、パンの売り値を決められたりしたら、買わされるお客はたまったものではありません。

なるほど、株の損を原価に入れたりしたら、コスパ最低になっちゃいますもんね。

あと、原価に入れたらコスパがおかしくなる費用の第2が、異常な状態で発生した費用だね。

異常な状態っていうと、たとえばドロボウに入られるとか？

　原価に入れていいのは正常な状態で発生した費用だけです。パン工場の直営店がドロボウに入られて売上金を盗まれたとしても、その損害は原価にできません。正常な状態でかかった費用ではないからです。火災や天災による損害なども原価に含めない損失です。

たしかに異常な状態は含めないほうがいいですね。お腹が空いてるときに食べて「おいしくてコスパがいいランチ」だと思ったのに、フツーのときに行ったら、たいしたことなかったとかありますもの。

う、うん……？　まあそういうこと、かな？（よくわかんないけど、そういうことにしておこう。面倒くさいから……）

　このほか会社では税法で認められている特別な費用を計上することがあります。たとえば、租税特別措置法という法律により、政策的な目的で特定の機械の減価償却費を通常より多く計上することが認められる場合などです。ただし、通常の減価償却費を超える額は原価になりません。

原価にならない費用って、けっこうありますね。もう十分堪能しました。お腹いっぱいですけど、えっ、課長、まだあるんですか（苦笑）。

　さらに、法人税などの税金や、株主配当なども原価になりません。
　税金などは、会社にとっては他の費用と変わらない費用ですし、実際、固定資産税や印紙税などの税金は原価になります。

　しかし法人税などの税金や、株主配当は、ザックリいうと費用を差し引いた後の「利益」（所得）から出ていくお金です。原価にはなりません。
　以上のような、原価に含めない費用や損失の例は57ページで詳しく見ますが、これらをまとめて「非原価項目」といいます。

　広い意味の原価に、これらの非原価項目を足したものが、最終的に会社が事業のために使ったお金の総額です。

会社の「売上原価」って何のことよ？

売れた製品・商品の分だけが売上原価になるんです

お腹いっぱいのところ悪いんだけど、もうひとつ覚えておきたい原価があるんだな。売上原価っていうんだけど……。

ああ損益計算書の上のほうに出てくるアレですね。副社長がよく、アレ見てため息ついてて、私も見ちゃうんですよね。

決算書のひとつである損益計算書では、いちばん上の売上高に続いて「売上原価」という、会社経営にとって重要な項目が出てきます。

●「粗利益（あらりえき）」が何で重要なんですか？

売上高から売上原価を引くと、「売上総利益」という第1段階の利益が計算されます。この売上総利益は、別名を「粗利益（あらりえき）」「アラリ」とも呼ばれ、たいへん重視される利益です。

なぜならこの後、販売費および一般管理費や本業以外の損益、臨時的な損益が増減されて最終的な損益が計算されますが、第1段階の売上総利益が大きくないことには、それらの費用が賄えません。販売費および一般管理費も賄えないと、営業赤字です（→P15参照）。

この売上総利益の計算の元になるのが「売上原価」です。

売上の原価っていうくらいだから、副社長の仕事に関係深そうですね。

おっ、副社長の仕事のことになると鋭いね。そのとおり、売上原価はつまり売れた分の原価って意味だよ。

●損益計算書の「売上原価」とは？●

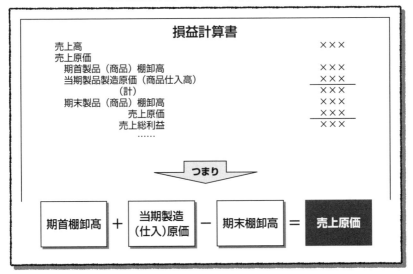

当期に製造した製品や仕入れた商品が、当期のうちにすべて売れるわけではありません。前期に売れ残った製品や商品が当期に売れて、当期の売上高になっていることもあるでしょう。

当期に製造したり仕入れた原価が、そのまま当期の売上高の原価とはいえないのです。

では、どうしたら当期の売上高＝売れた分の原価が計算できるでしょうか──。

売上原価は、詳細な損益計算書では上のように、内訳の計算が表示されています。これが、売れた分の原価を計算する式です。

あれ、製品や商品が売れるたびに、売上原価を計算するんじゃないんですか？

そんな面倒なこと、会社でやってられないでしょ。いちいち人手をかけて計算していたら、高井さんふうにいえば「人件費のコスパが悪い」。

そこで売上原価を計算するときは、月ごとなど一定期間で帳簿を締め切り、その期間の原価と利益を計算します。

●「棚卸」で原価を計算する場合も多い

　具体的にはまず、計算期間の最初（期首）に、倉庫などに残っている製品や商品の在庫を調べ、在庫分の金額を記録しておきます。この作業を「棚卸」といい、記録した在庫の金額が「棚卸高」です。つまり、「期首棚卸高」になります。

　次に、期末になったら、期中の製造原価・仕入原価をまとめ、一方、期首と同じ棚卸をして「期末棚卸高」を求めるのです。これで、売上原価を計算するための項目がそろいます。

　すなわち、最初にあった在庫（期首棚卸高）に、期中に製造や仕入れをした分〔当期製造（仕入）原価〕を足し、最後に残った在庫（期末棚卸高）を引けば、売れた分の原価（売上原価）が計算できます。
　図にすると右のようになりますが、図の計算式が前ページの損益計算書の計算式と同じことがわかりますね。

　ちなみに、在庫の金額が棚卸でわかるので、製品・商品・材料などの在庫は「棚卸資産」というんだ。

　棚からおろして調べると金額がわかるから、棚卸資産ってわけですね。じゃ、調べてもわからなくて保留するのは棚上げ資産ですか？

　そ……それはない！

　売上原価の計算の応用で、製品別・商品別の粗利益を計算することもできます。つまり、会社全体の粗利益（売上総利益）が売上高マイナス売上原価なら、製品別・商品別の粗利益は販売価格マイナス製造

◉「棚卸」で売上原価が計算できる◉

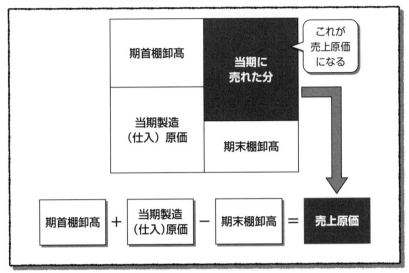

原価・仕入原価で計算できるということです。

製品別の粗利益がわかると、どうなるんですか?

どの製品をたくさん売ればより利益が大きくなるか、すぐに
わかるでしょ。

あ、そうか。これは副社長に教えてあげよう。

　製品別・商品別の粗利益を見ると、どの製品・商品がより利益に貢
献しているのか、判断の目安になります。**粗利益の割合が大きい製品・
商品のほうが、小さい製品・商品より利幅が大きい**ということです。

6 モノの値段の中の「原価」、調べちゃいました

総原価に会社の利益を足したものが販売価格です

> そっか、販売価格──モノの値段は、製造原価・仕入原価プラス粗利益でできてるってことですね。

> だけど粗利益の中から販売費および一般管理費を支払わなきゃならない。利益という名前は付いてるけど、儲けというにはほど遠いね。

> じゃ値段の中の「原価」を整理してみようかな。課長もお付き合いくださいね。

> 人使い、荒っ！

　一度整理すると、最も狭い意味の原価は、原価計算でいう原価、「製造原価」です。これに販売業の「仕入原価」、サービス業の「役務原価」などを含めると、少し広い意味になります。ここまでが、狭い意味の原価といってよいでしょう。

　しかし会社の事業活動では、販売や管理業務の費用もかかります。そこで「販売費および一般管理費」までを含めて考えたのが、広い意味の原価です。この合計は「総原価」といいます。**総原価に、会社の利益を足したものが、モノの販売価格になっている**わけです。

> あれ？　じゃ、原価でないものはどこに入るんですか？

> 利益の中に入っていて、そこから出ていくことになるね。

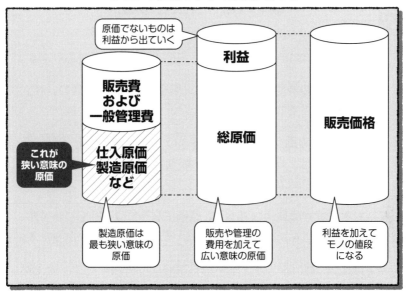

●モノの値段の中の「原価」は？●

　上図でいうと、原価にならない、してはいけない費用や損失は、利益から出ていくことになります。

　たとえば、本業でない株式投資で損失を出した会社は、原価が増えたのではなく、利益を減らしたことになるのです。ドロボウの被害や天災などで受けた臨時的な損失などでも、原価は増えずに利益が減ります。

なるほど。株の損やドロボウの被害が原価にならない理由がよくわかりました。で、次に製造原価の中身なんですが……。

えっ、まだやるの!?　かんべんしてくれ〜。そうだ、部長がいた！　部長がいいよ、後は総務部長に聞いてくれ〜〜。

●プロローグまとめ●

Ⅰ. 「原価」には狭い意味の原価と、広い意味の原価があります。

Ⅱ. 狭い意味の原価は、製造業の「製造原価」、販売業の「仕入原価」などです。

Ⅲ. 広い意味の原価は「販売費および一般管理費」をⅡに加えたものです。販売費および一般管理費は、商品1個につきいくらと計算することができません。

Ⅳ. 会社でかかる費用がすべて、原価になるわけではありません。原価にならない、してはいけない「非原価項目」があります。

Ⅴ. 「売上原価」は、売上高＝売れた分だけの原価です。売上高から売上原価を引くと、売上総利益＝粗利益が計算できます。

第  章

「原価」の中身が
見てみたい！

総務部と経理部の部長に聞いちゃいました

1 そもそも「原価」は 何の役に立つのかなあ？

もしも原価がわからなかったら、どうなってしまうんだろう？

 というわけで、お話をお聞きしにきました、総務部長！

うーむ、秘書課は総務部の所属だから、たしかに秘書課員の教育も私の仕事なのだが。原価は私の専門外だよ。で、何の話を聞きたいの？

 製造原価の中味について……。課長に、副社長の仕事のサポートを命じられました。

製造原価？ 原価計算の話？ 副社長の仕事なら、営業部長のとこに行ったほうがよくないか？

 行ったんですが、「営業の仕事は売ることだ。原価なんか知るか！」と追い返されました。

私は工場の総務出身だから、多少は原価のこともわかるが……。製造原価の中味の前に、原価を計算する目的を知っておいたほうがよくないか？

　原価計算の目的は、５つあるとされています。

●原価計算の目的は５つあるのです！

　第１の目的は、財務諸表（決算書）を作成するために原価を集計することです。

そして第2の目的は、製品や商品の販売価格を決めるために原価を計算して、資料として提出することです。

> 売上原価を計算するためにも、当期の製造原価が必要なんですよね。販売価格は、広い意味の原価に利益を乗せて決めるものだし（課長の話の受け売りですが……）。

> おお、よく勉強しているな。

第3の目的は「原価管理」です。

原価は、成り行きでお金を使って、後で計算すればいいというものではありません。あらかじめ目標を決め、実際にかかった原価を目標と比較します。もし目標と実際に差があったら、その原因を分析、報告して、管理者に対策を講じてもらうのも原価計算の仕事のうちです。

そのために、標準原価計算などの手法もあります（→第4章参照）。

> へー、原価管理かあ。原価って、後で計算するだけじゃないんですね。たしかに、成り行きでやってたらコスパのいい製品なんてつくれないな。

> そう、コストパフォーマンスが悪い。

第4には、予算を立てて、予算どおりに事業を進めるための資料にするという目的があります。

会社は、あらかじめ予算を立て、費用が予算を上回ったり、売上が予算を下回って利益を減らすことのないよう、コントロールしていくものです。そのためには、原価の資料が欠かせません。

第5の目的は、会社の経営計画と、経営の意思決定に必要な原価の情報を提供することです。将来の経営計画のためには、過去と現在の原価の情報が必要ですし、意思決定にはどれだけの原価がかかってい

①決算書を作成するため
②製品や商品の販売価格を決めるため
③原価を管理するため
④予算編成とコントロールの資料にするため
⑤経営計画と意思決定のための情報とするため

るかが重要な要素になります。そのための情報を提供するのも、原価計算です。

> 逆にいえば、原価の計算ができず、原価がわからなかったら、以上のことはすべて不可能になるってことだな。

> 決算書もつくれないし、売り値も決められない……これは困りますね。

そういうことです。決算書がつくれないと会社の財政状態や経営成績もわかりませんね。会社に出資している人や会社にお金を貸している人、それに会社の経営者も、何を頼りに判断すればいいのか、わからなくなってしまいます。

また、製品や商品を売り出そうとしても、値段をいくらにしたらいいかわからなくなります。適当に決めて売り出しても、利益が出ているのかどうかもわかりません。

原価管理もできないので、成り行きでお金を使うしかなくなります。**予算は立てられず、立てても守れません。**経営計画も意思決定も、行き当たりばったり、根拠のない勘で決めるしかありません。

> 原価の計算が何の役に立つかどころか、原価の計算ができないと困りますねー。

> 困るどころの騒ぎじゃないんだよ。大問題!

2 「原価の3要素」、きっとこれがキホンのキね

どんな製造原価も3つの要素に分類できるんですね

> それでは、原価の中味の話をしよう。まず「原価の3要素」というものがあるのだ！

> 「あるのだ！」なんて、いかにもキホンのキって感じですねー。

　原価の3要素を知るために、私たちが何かをつくるところを想像してみましょう。たとえば、夕食のカレーライスをつくるとします。さて、どんな原価がかかるでしょうか。

●カレーをつくるときの原価を見てみましょう

　まず最初に思いつくのは、カレーの材料です。肉か魚介類、野菜、カレールー……。それらを炒める油も忘れずに。カレーライスですから、お米も必要です。

　しかし、材料だけが原価ではありません。仕事としてカレーライスをつくるなら、忘れてならないのが私たちの人件費。

　たとえば、時給換算で2,000円の給料をもらっている人が、カレーライスをつくるのに1時間かかったとしたら、人件費が2,000円かかっている計算ですね。

　さらに、ご飯を炊くための電気代や水道代、カレーを煮込むためのガス代……。

> 材料と、人件費と、電気・ガス・水道代など。これで3要素ですね。

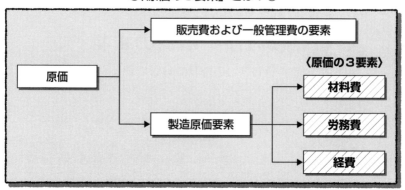

●「原価の３要素」とは？●

販売費および一般管理費の要素

原価

製造原価要素

〈原価の３要素〉

材料費

労務費

経費

原価計算の用語では、それぞれ「材料費」「労務費」「経費」
と呼ぶんだな。

　これが原価の３要素です。ひとりでつくるカレーライスでも、大工
場でつくる高額の製品でも、製造原価は必ず、材料費・労務費・経費
の３要素に分類することができます。

●原価の３要素が、原価計算の基本なんだね！

　原価計算ではこのような、原価を構成する中味を「要素」と呼びま
す。原価計算のとき最初に分類する原価要素は、「製造原価要素」と
「販売費および一般管理費の要素」です。
　**広い意味の原価の要素と、狭い意味の原価の要素の分類からスター
トする**わけです。

　このうち、狭い意味の原価要素をさらに分類すると原価の３要素
――材料費・労務費・経費になります。
　製造原価要素と、販売費および一般管理費の要素の分類が、広い意
味の原価を計算するスタートで、原価の３要素の分類が狭い意味の原
価（製造原価）を計算するスタートです。

③ 工場でかかる原価、3要素に分類しちゃいます

原価の3要素は細かい費目を分類して集計するんです

> それじゃ、材料を仕入れたら材料費、お給料を払ったら労務費、電気代が使われたら経費、と分類すればいいわけですね。

> それがそうカンタンじゃないんだな。会社の費用を分類して記録する費目には、材料費・労務費・経費なんてものはないんだよ。

> えーっ！ それじゃ分類できないじゃないですか。どうするんですか！

　経理は毎日、会社のお金の動きを記録し、伝票や帳簿に整理し、事業年度が終わると決算書をつくります。

　この決算書をつくるしくみの中では、費用は「主要部品費」「賃金」「外注加工費」などに分類して記録されています。材料費・労務費・経費という分類があるわけではありません。

　原価計算のときには、それらの費目で分類されたデータを受け取り、あらためて分類して集計します。受け取るデータは、工場でかかった費用の分だけ。たとえば同じ給料でも、営業部員や総務部員の給料は、販売費および一般管理費の要素になるからです。

●これでようやく、原価の3要素に分類できます

　たとえば、「原料費」「買入部品費」などの費目があったら、それらは材料費です。また、工場勤務の従業員の「給料」「従業員賞与手当」

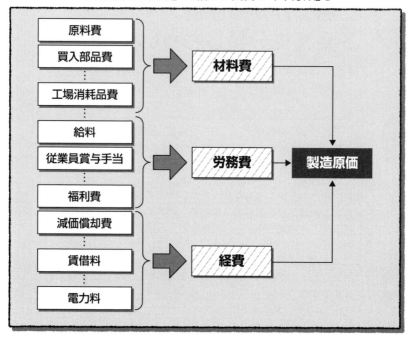

●「原価の３要素」は細かい費目の「中分類」●

とあったら、それらは労務費になります。経費になるのは、工場の電気・ガス・水道代などのほかに「減価償却費」「旅費交通費」などです。

　原価の３要素は、実際には以上のように細かく分類されている費目を、大ぐくりの３分類に集計します。

以上が原価の、いわば「形」による分類になるわけだよ。

 形による分類？　形じゃない分類もあるんですか？

それが、あったりするんだよ。ふふふ。

　「形」による分類は、会社の経理が行なっている費用の分類です。経理からこのデータを受け取って原価を計算するので、会社の経理と原価計算の接点という意味でも重要ですね。

● 「形」による分類と「機能」による分類 ●

	「形」による分類	「機能」による分類
材料費	素材費（原料費） 買入部品費 燃料費 工場消耗品費 消耗工具器具備品費　　　など	主要材料費 補助材料費 （修繕材料費、試験研究材料費※） 工場消耗品費 　　　　　　　　　　　　　など
労務費	賃金 給料 雑給 従業員賞与手当 福利費　　　　　　　　　など	作業種類別直接賃金 間接作業賃金 手待賃金 　　　　　　　　　　　　　など
経費	減価償却費 賃借料 修繕料 電力料 旅費交通費　　　　　　　など	各部門の機能別経費

※実務では材料費でなく「試験研究費」として計上するのが一般的

●会社のどんな「機能」のためにかかった原価か、で分ける方法も！

　ただし形ではなく、会社のどんな「機能」のためにかかった原価かによって分類することもあります。

　製造業の会社は製品の製造のほか、たとえば製品の修理、新製品の開発といった機能を持っているでしょう。

　そこで、たとえば材料費なら、製品の製造のためのものは「主要材料費」、製品の修理・修繕のためのものは「修繕材料費」、新製品開発のためのものは「試験研究材料費」などと分け、修繕材料費と試験研究材料費は「補助材料費」などと分類することがあります。

　この分類では、たとえば工場消耗品費は、工場で消費される消耗品という分類なので、形による分類でもあり、機能による分類でもある、ということになります。

> なるほどー　使われる目的ごとってわけですね。

4 「直接費」と「間接費」、 何で分けるのかな？

間接費はどれにいくらかかったか、わからない!?

> もうひとつ、重要な分類がある。「直接費」「間接費」という
> 分類なんだけどね、これは原価の根幹に関わる分類だな。

> 原価の「根幹」に関わる分類なんて、なんだかワクワクしま
> すね！　手ごわい相手ほど燃える、というか。

> ワクワク？　燃える？　この話、ややこしいんだよ？　ヘン
> な人だなあ。

　原価計算は、最終的には「製品1個当たりいくら」を計算するもの
です。総額がわかればいい決算書をつくるときと大きく違います。

　ところが、ここである問題が出てきます。**どの製品にいくらかかっ
たと、わからない原価がある**からです。

　たとえばカレーライスをつくった場合、肉や野菜などの材料費や、
つくった人の労務費は、1皿にいくらかかったと計算できますね。

　しかし、同時並行でサイドメニューのポテトサラダをつくったとし
たら、どうでしょうか。カレーを煮込むのに使ったガス代と、ポテト
を茹でるのに使ったガス代は、明確に分けられません。

　原価の中には、どの製品にいくらかかったと直接つかめるものと、
使ったことはたしかだが、どの程度使ったかはっきりしないものがあ
るわけです。前者を「直接費」といい、後者を「間接費」といいます。

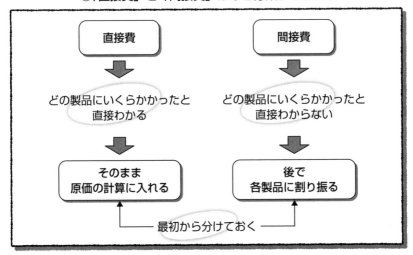

● 「直接費」と「間接費」はなぜ分類するのか ●

いくらかかったかわからない……、これは原価の根幹を揺るがしますね。じゃ、販売費および一般管理費に入れてみては？あれも製品1個当たりいくらかかったか、わからないし！

ムチャいうなあ。ダメだよ！ 製品をつくるためにかかった原価だということは明らかなんだから。

　直接費は、どの製品にいくらかかったと直接わかる原価です。ですから、そのまま原価の計算に入れて問題ありません。しかし**間接費のほうは、そのままでは計算ができない原価**です。

　そこで間接費は、一定の基準を決めて各製品に割り振ることにしています（→P98で解説）。製品との関係が直接的にわからないので、間接的に割り振ることにしているわけです。

　ただし、そのためには、製品との関係が直接的にわかる原価と、直接的にわからない原価を、最初の段階で分けておかなければなりません。「直接費」と「間接費」の分類は、そのためのものです。

第1章 「原価」の中身が見てみたい！

> 直接費と間接費かあ。せっかく原価の３要素に分類したのに、最初に戻って分類し直すんですね。

> 違う違う。直接費の中に原価の３要素があり、間接費の中にも３要素があるってことだよ。

　直接費は「直接材料費」「直接労務費」「直接経費」に分類できます。間接費も「間接材料費」「間接労務費」「間接経費」に分類できます。

　あるいは、原価の３要素それぞれに直接費と間接費があると考えることもできますが、いずれにしても合計６つの要素に分類できるわけです。

　６つのうち、直接費に分類された３つは、そのまま原価の計算に入ります。そして、間接費に分類された３つは後で製品に割り振られることになります。

> なるほど、そういう関係だったんですね。３要素と直接費・間接費は。２×３で、合計６つの要素になるってわけかあー。

> 実際は６つの要素が均等に出てくるわけじゃないけどね。というのは……。

　一般的に、**材料費と労務費は、どの製品にいくらかかったと直接つかめるものが多く、直接費に分類できるものが多くなります。**常識的に考えても、材料費はどの製品の材料費とわかりやすく、労務費もどの製品をつくるために働いていた時間とわかりやすいですね。

●「直接費」「間接費」と原価の３要素●

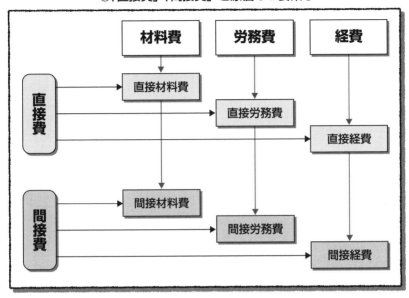

一方、経費には直接的にわからないものが多いので、ほとんどが間接費になります。代表的な経費である電力料・ガス代・水道料などを考えてみても、どの製品をつくるための電気・ガス・水と決めるのは難しいです。

> 直接費・間接費の次の原価の分類はと。えーと、固定費と変動費か……これは会計的な話だな。その道のプロである経理部長に聞いてもらったほうがいいよ。

> じゃ、さっそく行ってみよ！

> 忙しい……いや行動的な人だなあ。じゃ、経理部長に連絡しておくよ。

6

今度は「固定費」「変動費」。これってメンドくない？

この分類なしで原価計算はできるらしい。でも実際は……

経理部長、私に固定費と変動費について教えてください！

聞きたかったのはソコでしたか。たしかに会計的な話でもあり原価計算の話でもありますね。総務部長、面倒になって私に振ったのでしょうね。

えっ、私、やっかい払いされたの!?

まあいいでしょう。原価に限らず、会社のコスト全体については、関係する方々に知っておいてもらいたいことですから。

カンタンにいうと、「固定費」は製品をどれだけつくるかに関係なく一定額がかかり、「変動費」は製品をつくる数に比例して増減します。

たとえば従業員の基本給は、工場の操業が半分になっても、半分に減らすことはできません。たとえ工場の操業が止まっても、決まった額を支払う必要があります。このようなものが固定費です。

一方、たとえば材料費は、工場の操業が半分になれば半分程度に減りますね。操業が倍になれば、材料費も倍になるはずです。このようなものが変動費になります。

人件費のほか、地代家賃や設備の減価償却費などが固定費です。材料費以外では、電力料・ガス代・水道料などが変動費になります。

直接費・間接費や、原価の3要素との関係はどうなるんですか？　固定直接材料費とか、変動間接経費とか？

◉「固定費」と「変動費」はなぜ分類するのか◉

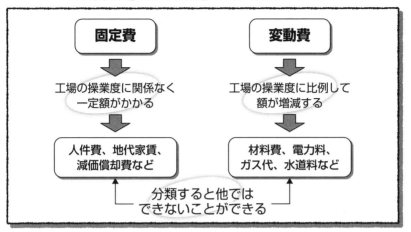

固定費	変動費
工場の操業度に関係なく一定額がかかる	工場の操業度に比例して額が増減する
人件費、地代家賃、減価償却費など	材料費、電力料、ガス代、水道料など

分類すると他ではできないことができる

そういう分類はしません。最初から固定費と変動費に分類します。

わざわざ分類するのってメンドくな……いや、面倒くさくないですか？（煩雑って言葉を使ったほうが経理部長のお好みかしら？）

たいへん煩わしい仕事です。ですから、ふだんは経理でも原価計算でも、固定費・変動費の分類はしていません。

　実は、固定費・変動費の分類をしなくても、通常の原価計算はできます。経理では、固定費・変動費の分類をすることなく、決算書をつくることが可能です。

　それでも固定費・変動費の分類が重要なのは、他の分類のしかたではできないことが可能になるからです。たとえば、売上が増減した場合の利益の増減をきちんと計算するには、固定費・変動費の分類が必要になります（→次項参照）。

⑦ 「たくさんつくると安くなる」のは こういうワケだったのね

大量生産のメリットは固定費から考えるとわかりやすい！

固定費・変動費の考え方を知っておくと、いろいろなことがスッキリ理解できますよ。たとえば「大量生産のメリット」。

あ、たくさんつくると安くなるって、アレですね。そういえば、漠然と知ってるだけで理由を考えたことがなかったな。

　固定費・変動費の考え方を使うと、大量生産のメリットもきちんと説明できます。

●たくさんつくれば「安上がり」！

　たとえば、ケイ子さんの会社の工場では、年に1億円の固定費が発生していたとしましょう。また、パン1個をつくるのに100円の変動費がかかるとします。

　もし、この工場で年に100万個のパンをつくったとすると、パン1個当たりの固定費は、1億円÷100万個＝100円です。これに変動費の100円を足して200円、200円がパン1個の原価になります。

　では、倍の200万個のパンをつくったらどうでしょう。1個当たりの固定費は、1億円÷200万個＝50円、これに100円の変動費を足して150円が原価になります。原価の段階で50円下がっているので、50円安く売ってもだいたい同じ利益が出るはずです。

　大量生産をすればするほど、1個当たりの固定費は小さくなって、変動費が同じでも、価格を安くすることが可能になるのです。これが「大量生産のメリット」です。

●大量生産で1個当たりの原価が下がる●

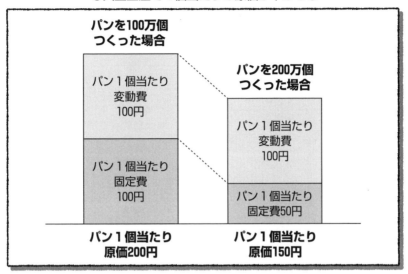

パンを100万個つくった場合

パン1個当たり
変動費
100円

パン1個当たり
固定費
100円

**パン1個当たり
原価200円**

パンを200万個つくった場合

パン1個当たり
変動費
100円

パン1個当たり
固定費50円

**パン1個当たり
原価150円**

なるほど、固定費と変動費に分類すると、こういうシミュレーションができるんですね。これは便利だわあ。

利益の予測もしてみましょう。固定費と変動費の考え方は、狭い意味の原価だけでなく、広い意味の原価でも使えます。

　たとえば、ある会社の年間売上が4億円、販売費および一般管理費を含めた総原価が3億円、利益が1億円でした。この会社ががんばって、売上を6億円に伸ばしたら、利益はいくらになるでしょうか？

売上が1.5倍だから利益も1.5倍……じゃないですよね、たぶん。

じゃないです。じゃないですが、総原価と利益だけわかっても、利益の予測はできません。固定費と変動費の分類ができていないからです。

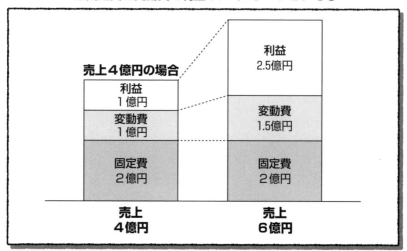

�固定費と変動費で利益のシミュレーションも�

売上４億円の場合

利益
１億円

変動費
１億円

固定費
２億円

**売上
４億円**

利益
2.5億円

変動費
1.5億円

固定費
２億円

**売上
６億円**

　この会社が固定費と変動費の分類をしたところ、総原価３億円のうち２億円が固定費、１億円が変動費でした。このデータがあれば、売上が６億円に伸びたときの利益の予測ができます。

　固定費は、売上が６億円に伸びても変わらないので、２億円のままです。一方、変動費は売上に比例して増減するので１億円が1.5億円に増えます。

●固定費と変動費がわかれば利益予測だってできます

　そこで、売上から総原価すなわち固定費と変動費を引くと、利益が計算できます。つまり、売上６億円−固定費２億円−変動費1.5億円＝利益2.5億円です。売上は1.5倍の伸びですが、利益は2.5倍の伸びになりました。

> この固定費と変動費の考え方は、経営者だけじゃなく、すべての従業員に必要だと思いますよ。自分が担当している商品の利益予測などもできますからね。

8 あれ？ 原価計算は経理部の仕事じゃないの？

「原価計算制度」と「財務会計」は結びついているんだね

経理部長、さすがですね。やっぱり毎日、原価計算をしているだけあるなあ。

今の発言、「毎日、原価計算をしている」というところは正しいですが、「経理部」というところは間違っていますよ。

　一般的には、原価計算は経理部の仕事ではありません。工場内に専任の担当を置き、専用の帳票やシステムを整備して行なうものです。

●原価計算は決算書づくりと結びついているけど、別物？

　原価計算は、経理部が持つ決算書をつくるしくみと結びつきながらも、それとは別物です。また、単なる原価の調査や分析ではないので、常時、継続的に行なう必要があります。

　そのためには、原価を計算するしくみを制度的につくっておくことが必要です。このしくみのことを「原価計算制度」といいます。

　ちなみに、経理部が受け持つ決算書をつくるしくみは「財務会計」で、これに合わせて、原価計算制度を「原価会計」ということもあります。

なんか込み入ってますね（正直どっちでもいいけど）。でも、財務会計がご専門なのに原価計算にもお詳しいんですね。

それは、原価計算制度が財務会計と緊密に結びついているからですよ。

会社のお金の動きは、決算書をつくるためにすべて、財務会計のデータとして記録されています。原価計算に必要な製造原価に関するデータも例外ではありません。

　そこで原価計算制度は、財務会計から製造原価に関するデータを受け取るのです。そして、さまざまな集計や分類をして製造原価を計算します。

> 製造原価を計算したら、今度はそれを財務会計にフィードバックしてもらわなければなりません。

> あ、損益計算書の売上原価を計算するためですね。

> ほう、よく知ってますね。感心感心。

　原価計算制度で計算した製造原価は、財務会計にフィードバックされ、再び財務会計のデータとして会計帳簿に組み入れられます。最終的に決算書をつくるための不可欠なデータとして使われるのです。

●原価計算制度と財務会計の深いカンケイを知っておこう！

　原価計算制度は、財務会計と緊密に結びついています。

> ちなみに、先ほどの発言「財務会計が専門」も間違ってます。たしかに経理部の仕事の中心は財務会計ですが、会社内部の管理や経営者の意思決定のために、データを作成したり分析する仕事もしています。

　財務会計は、決算書をつくって会社の外部に報告することを目的にしています。それに対して、会社内部の管理の目的や、経営者の経営判断のために、データを集計したり分析をする会計もあるのです。これを「管理会計」といいます。

◉「原価計算制度」は財務会計と結びついている◉

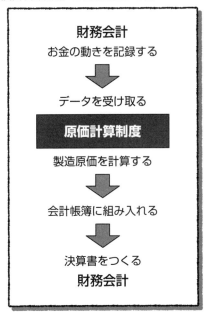

財務会計
お金の動きを記録する

⬇

データを受け取る

原価計算制度

製造原価を計算する

⬇

会計帳簿に組み入れる

⬇

決算書をつくる
財務会計

　前項で見た固定費・変動費の分類などは、会計として見れば管理会計の一分野です。財務会計では、固定費・変動費の分類をしなくても、決算書をつくることができます。

だから最初に「会計的な話」でもあるとおっしゃった……！

正確にいえば、「管理会計的な話」ですね。ちなみに、原価計算でいえば「直接原価計算的な話」ですよ。

　前にもふれたように、通常の原価計算では固定費・変動費の分類をすることなしに製造原価を計算することができます。この分類を行なって、いろいろなシミュレーションや、利益の予測、分析などに役立てる原価計算は「直接原価計算」といいます（→P162で解説）。

「販売費および一般管理費」って期間の原価なの？

「製品」ではなく「期間の売上高」に対応しているんだ！

じゃ、経理部……じゃなかった「財務会計」で受け持ってるのは、製造原価以外のお金の動きなんですね。

そうです。いちばん数が多いのは「販売費および一般管理費」でしょうね。

出た！　広い意味の原価。

原価計算的に見ればそうですね。販売費および一般管理費というのは財務会計の用語です。原価計算では「期間原価」という名前が付いていますよ。

　販売費および一般管理費は、原価計算では「製品原価」に対して「期間原価」といいます（→P22参照）。どれかの製品に対応させる原価ではなく、一定期間に発生した販売費および一般管理費を、一定期間の売上高に対応させるからです。

●いろんなものが「販売費および一般管理費」になるんだな〜

　次ページの図表にまとめたのは原価計算の憲法ともいえる「原価計算基準」にあげられた販売費および一般管理費の例です。少し古めかしいですが、どんなものが販売費および一般管理費になるのか、わかるでしょう。
　製造原価と同じ費目があるのは、発生した場所により販売費および一般管理費になるからです。

●「販売費および一般管理費」はこんな費用●

「形」で分類すると

給料、賃金、消耗品費、減価償却費、賃借料、
保険料、修繕費、電力料、租税公課、運賃、
保管料、旅費交通費、通信費、広告料など

「機能」で分類すると

広告宣伝費、出荷運送費、倉庫費、掛売集金費、
販売調査費、販売事務費、企画費、技術研究費、
経理費、重役室費など

　たとえば同じ給料でも、工場で製品をつくっている従業員の給料は製造原価ですが、その製品を営業所で売っている営業部員の給料や、本社でその売上の経理処理をしている経理部員の給料は、販売費および一般管理費になります。

　へえ〜。製造原価と同じで、「形」による分類と、「機能」による分類ができるんですね。

　そうです。販売費および一般管理費も、製造原価と同じ考え方で分類しているんですよ。

　販売費および一般管理費を形から分類すると、たとえば「給料」や「消耗品費」になります。機能から分類すると「広告宣伝費」などです。
　もちろん、直接費・間接費の分類（→P42参照）や、固定費・変動費の分類（→P46参照）もできます。原価の3要素こそありませんが、販売費および一般管理費も製造原価と同じ費用なのです。
　違いは、製品製造のために使われた費用ではないこと。つまり、営業所で製品を売るためだったり（販売費）、本社で管理業務を行なうために使われた費用（一般管理費）だということです。

> ところで高井さんは、「経費」という言葉を使うことがないですか？

 あります。副社長がお得意さまと飲んだコーヒー代を私に払わせて「経費で落としといて」といわれるとか。

> そういうときの経費ということばは、ほとんどが販売費および一般管理費のことなんですよ。お得意さまと飲んだコーヒー代なら、費目でいえば会議費ですね。

　販売費および一般管理費を「営業費」という人もいます。しかし、ビジネスの現場では「経費」と呼ぶことが圧倒的に多いでしょう。販売費および一般管理費とイコールではありませんが、よく使います。

●フツーに「経費」という場合と3要素の経費は違うみたいだぞ

　「経費で落とす」は、コーヒー代を個人で負担せず、販売費および一般管理費のうちの会議費として、会社の費用にすることです。

　また、「経費削減」といったときは、原価ではなく、販売費および一般管理費のコストダウンを図ることをあらわしています。
　たとえば、オフィスの照明をこまめに消して水道光熱費を節約する、コピー用紙の裏も使用して消耗品費を減らす、などです。

　このように経費という言葉を使ったときは、もちろん、原価の3要素の経費を指しているのではありません。
　財務会計上の用語ではないので、厳密な定義はありませんが、**一般的には販売費および一般管理費と、製造原価の経費を合わせて「経費」ということが多い**ようです。
　製造原価上の経費だけをいうときは、混同を避けるために「製造経費」ということもあります。

10 「原価にならない原価」 というのもあるのよね

非原価項目は大きく分けて4種類あるのです

 販売費および一般管理費以外に、経理ではどんな費用を経理処理しているんですか？

 営業外の損失や特別損失などですね。たとえば会社の本業以外で出た損失とか……。

 あ、非原価項目だ！　非原価項目は、原価にならないんですよね……当たり前か。

●「原価にならない原価」とは何ぞや？

原価計算の憲法といわれる原価計算基準では、非原価項目として4つの区分と、具体的な例が細かくあげられています。

 非原価項目の第1は、会社の本業に関連しない費用ですよね。

 そうですね。でも、経営目的に関連しない費用や損失というのは、意外に幅広いですよ。

先の例（→P31参照）では株の投資をあげましたが、不動産投資、公社債投資、利息を目的とした貸付金などの管理費用（たとえば減価償却費、不動産管理費、固定資産税などの税金）も非原価項目です。それらの減価償却費、管理費、それに税金も原価にできません。

また、使用しないでただ持っているだけの土地や建物などの固定資産、機械などの設備にかかる費用も非原価項目です。使っていない土

地や建物、機械などは、製品の製造に関連しないからです。

　そのほか、会社の事業に関係のない寄附金なども、経営目的に関連しないので非原価項目になります。

　支払利息が非原価項目なのは先に説明しましたが、手形の割引料（手形譲渡損）なども財務活動にかかる費用として非原価項目です。

●「非原価項目」の具体的な例●

①会社の経営目的に関連しない費用や損失

・投資用不動産・投資用有価証券・貸付金等
　遊休土地や建物等の固定資産
　長期間稼働していない設備　　　　　　　　　　などの
　その他経営目的に関連しない資産
・寄附金などで経営目的に関連しないもの
・支払利息、手形割引料、社債発行費・株式発行費の償却、
　設立費・開業費の償却、支払保険料などの財務費用

減価償却費
管理費
税金
　　　　など

第2は、ドロボウや災害による損失でしょう？（課長に聞いた話、ちゃんと覚えてるんだから！）

そのとおり。異常な状態が原因である費用や損失が、第2の非原価項目です。でも、これも意外に幅広いですよ。延滞金とか違約金とか、罰金とか損害賠償金とか、裁判の費用まで非原価項目になりますから。

　異常な状態とは、たとえば普通では考えられないほどの量の不良品の発生や、在庫の目減りなどが考えられます。通常の量の不良品の製造費用は原価に含められますが、異常な量の不良品や、在庫の目減りは非原価項目です。同じく、異常な額の貸倒損失は原価に含めません。

　また、異常な状態の原因としては、火災、震災、風水害から、ドロボウによる盗難、従業員のストライキによる操業停止まで、偶発的な事故などによるものがあります。

　さらに、よく発生するのが、土地や建物などの固定資産を売却したら損失が出たというケースです。固定資産売却損が発生することになりますが、これは原価に含められない非原価項目になります。

●「非原価項目」の具体的な例●

②異常な状態が原因の費用や損失

- 異常な量の不良品や、在庫等の目減り
- 火災・震災・風水害・盗難・労働争議などによる損失
- 固定資産の予期できない価値の下落による損失の計上
- 延滞金・違約金・罰金・損害賠償金
- 債務保証などによる損失　　・訴訟費用
- 臨時で多額の退職手当　　　・固定資産の売却損や除却損
- 異常な貸倒損失　　　　　　　　　　　　　　　　など

第3は、租税特別措置法の特例などにより、増えた費用の分ですね。

●「非原価項目」の具体的な例●

③税法でとくに認められた費用や損失

- 「租税特別措置法」の定めにより通常より多く償却した減価償却費
- 「租税特別措置法」で計上が認められる準備金の繰入額

　　　　　　　　　　　　　　　　　　　　　　　　　　など

 これって、何で原価にならないんですか？　普通の減価償却費なんかは、立派な原価ですよね。

それが残念ながら、ならないんですよね。

たとえば租税特別措置法という法律では、国がある機械や設備など
を普及させたいときに、その機械や設備の減価償却費を通常より多く
計上することを認めたりします。すると多くの会社は、減価償却費を
多く計上して利益を減らし、法人税などを節税するわけです。

しかし、その増えた分の減価償却費は、税法が認めたというだけで
あって、製造原価が増えたわけではありません。ですから原価計算で
は、非原価項目として原価に含めないのです。

第4は利益にかかる税金や、利益を原資として行なう株主配
当などですね。

税金もダメなんですか？　税金だって、会社にとっては費用
だと思うけどなあ。

●「非原価項目」の具体的な例●

④その他、利益についてかかる費用や損失

・法人税、所得税、住民税
・株主配当　など

たしかに、会社にとっては税金も一種の費用です。しかし、法人税
や住民税は、売上高などからすべての費用を差し引いて計算された利
益（所得）に対してかかるものなので、原価にはなりません。

同じ税金でも、固定資産税や自動車税、印紙税などは、利益に対し
てかかる税金ではないので、販売費および一般管理費にできます。

このような非原価項目は経理で集計します。そして非原価項
目のほとんどは決算書にもあらわれるんですよ。ほら、これ
が損益計算書にあらわれる非原価項目です（次ページ図参照）。

損益計算書に売上原価があるのは知ってたけど、販売費およ
び一般管理費の期間原価も、非原価項目のうちの３つもある！

◉損益計算書の原価と「非原価項目」◉

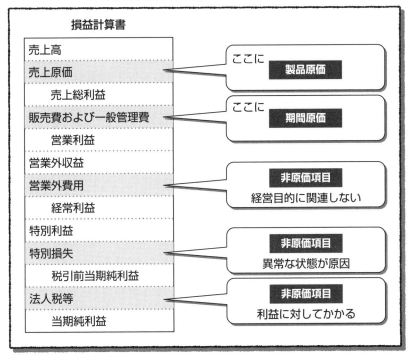

販売費および一般管理費（期間原価）と非原価項目は、製造原価には含まれません。なので、**製造原価の計算の外に置かれますが、財務会計できちんと集計して、決算書にもあらわれる**わけです。

> 製造原価に含めない非原価項目までお話を聞いたところで、では最初に戻って、さらに詳しく原価計算のことを……。

> これ以上は、さすがに経理の専門外ですね。原価計算を行なっている工場で聞いてもらったほうがいいかな。

> わかってますー（やっかい払いも慣れてきたわ。嫌われる勇気があるのよね、私）。じゃ、工場で聞いてみまーす。

●第1章まとめ●

Ⅰ. 「原価計算」には①決算書の作成、②価格設定、③原価管理、④予算作成・統制、⑤経営計画と意思決定の情報、という5つの目的があります。

Ⅱ. 原価は「原価の3要素」に分類できます。原価の3要素は、材料費、労務費、経費の3つです。

Ⅲ. 原価は「直接費」と「間接費」に分類しなければなりません。

Ⅳ. 直接費は「直接材料費」「直接労務費」「直接経費」に、間接費は「間接材料費」「間接労務費」「間接経費」に分類できます。

Ⅴ. 原価を「固定費」と「変動費」に分類すると、さまざまなシミュレーションや分析ができます。

Ⅵ. 「原価計算制度」は「財務会計」と緊密に結びついています。

Ⅶ. 販売費および一般管理費は「期間原価」といいます。

Ⅷ. 「非原価項目」は大きく分けて4種類あります。

第 **2** 章

「原価計算」って
何をするの？

工場長と労務部の部長に聞いちゃいました

えっ？「材料費」って、ひとつじゃないの？

材料費は主要材料費など5つに分類される

というわけで、お話を伺いにきました、工場長！　高井ケイ子と申します。

おう、ケイ子ちゃんか。よく来たな。話は経理から聞いてるよ。

工場長、「ケイ子ちゃん」というのは馴れ馴れしくありませんか？

すまんすまん。オレは工場たたき上げだ。何でも聞いてくれ。坊っちゃんの……いや、副社長のために原価のことを調べてるなんて泣けちゃうね～。

ウルウルしないでくださいよ。真面目な話なんだから。

すまんすまん。副社長がこーんな子どものころから知ってるもんだから、で、何？　オレは勘と度胸でやってきて、細かいことはわからなかったんだが、最近はそうもいかなくてな。ある程度なら教えることはできると思うよ。

はあ。とにかくよろしくお願いします。じゃまず、原価の3要素に戻って材料費から。

材料費ってひと口にいうけどねー、これがまた一筋縄じゃいかねえんだな。

　材料費と聞くと、たとえば食パンなら小麦粉、イースト、塩、砂糖、牛乳、バター……といったものが思い浮かびます。でも原価を計算するときは、実はもっと広い範囲で「材料費」を考えることが必要です。

●「消費」されるモノはすべて材料費になるのです！

　原価計算の憲法ともいえる原価計算基準では、材料費は「物品の消費によって生ずる原価」と定義されています。

　つまり、小麦粉などの材料に限らず、「消費」されるモノは何でも、材料費だということです。

　ですから、**食パンをつくるときに身につける手袋や作業着、木べらやトレーなども、消耗品であればみな材料費**になります。パン生地をこねるのに機械を使うとしたら、その潤滑油なども材料費です。

　材料費って、幅広いですね。全部、「材料費」ってひと括りにしちゃうんですか？

　そんなことはしてられないよ。だから、だいたい５つに分けるんだな。

　材料費は、５つに分類されます。この分類は、前に説明した「形」による分類に、「機能」による分類を加味したものです（→P41参照）。

　まず５つのうち、１番は主要材料費だ。

　あ、製品を製造するための主な材料費ですね（今度は総務部長の話が役に立った）。

　お、よく知ってるね、お嬢ちゃ……いや違った、えーっと、タカ……。

高井ケイ子です！！

製品の主要な部分に使う材料は「主要材料費」です。

たとえば食パンなら、小麦粉、イーストなどになります。おにぎりなら米と海苔、豆腐なら大豆とにがり、ということになるでしょう。

主要材料費は「素材費」とか「原料費」と呼ぶこともありますが、「原料」とは化学的変化で元の形と違った製品になるもののことです。

たとえば、石油化学製品の元になる石油などが原料にあたります。

鉄や木材など、物理的加工だけで、元の材質が変わらないものが「材料」です。原料と材料を合わせて「原材料」ということもあります。

へえ〜　勉強になるわあ。原料と材料を分けて考えるなんて。

部品なんかも、ウチでつくったもんと、外から買ってきたもんは分けるんだ。外から買ってきたもんは買入部品費だよ。

外部から、製品の部品として購入したものは、「買入部品費」です。

たとえば、木製の本棚をつくっている工場があったとして、本棚に取り付ける金具などを外部から購入していたら、それは「買入部品費」になります。

おんなじ材料費でも、製品製造のために使わないと、これも分けるんだな。

補助材料費のことですか？（また総務部長の話が役立った！）

これも知ってたかい！　驚きだねえ、えらいえらい。

総務部長の話にもあったように、製品の製造のために使ったのではない修繕材料費や試験研究材料費などを「補助材料費」とすることがあります。

また、主要材料費に対して、補助的な材料を補助材料費とすることもあります。たとえば、**機械をつくっている工場があったとすると、潤滑油・塗料・化学薬品などが補助的な材料**です。

ただしこれらは、次に説明する工場消耗品費に分類する場合もあり、必ず補助材料費というわけではありません。

●消耗品費も材料費に含めちゃうのか〜

このように、材料費を主要材料費と補助材料費に分けるのは、主要材料費が直接材料費になる一方で、補助材料費は間接材料費になるためです（→P45参照）。

> で、さっき話に出てきた手袋とか作業着なんだが、こいつらは工場消耗品費だな。

> へー、消耗品費は販売費および一般管理費だと思ってたけど、製造原価の、それも材料費だなんて、オドロキだわ。

工場でパンをつくるときに使った手袋、作業着などは「工場消耗品費」になります。機械をつくっている工場などでは、潤滑油・塗料・化学薬品など、製造のときに補助的に使われるものも、工場消耗品費とすることがあります。

ただし、同じ消耗品でも工場の事務所で使われる事務用品などは、材料費でなく経費の中の消耗品費です。

> 原価計算って、奥が深いですね。

> 奥が深いだろ！　で、おんなじ消耗するもんでも、工具なんかは消耗工具器具備品費だ。

工具・器具・備品は、価格10万円以上、使用期間1年以上のものは資産ということになり、直接、原価にはなりません。それに該当しない工具・器具・備品が「消耗工具器具備品費」です。

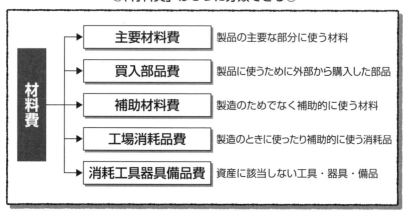

●「材料費」は5つに分類できる●

材料費	主要材料費	製品の主要な部分に使う材料
	買入部品費	製品に使うために外部から購入した部品
	補助材料費	製造のためでなく補助的に使う材料
	工場消耗品費	製造のときに使ったり補助的に使う消耗品
	消耗工具器具備品費	資産に該当しない工具・器具・備品

　たとえば、機械をつくっている工場で使う、ドリルやカッター、スパナやドライバーなどがわかりやすい例でしょう。

> で、こんなふうに分類するのは、直接材料費と間接材料費に分けるためなんだな。そもそも直接材料費ってのは……。

> どの製品にいくらと、直接つかめるものですよね。

> ほお〜　そんなことまでよく知ってるな。こいつは、子ども扱いしちゃあいかんなあ、すまんすまん！

　5つの材料費を直接費・間接費に分類すると、主要材料費と買入部品費が直接材料費で、残りの補助材料費、工場消耗品費、消耗工具器具備品費が間接材料費です。

② 使った材料の分だけしか 材料費にしちゃいけないのね

材料費は「消費価格×消費量」で計算する

で、材料費の計算なんだが……。

計算？　仕入れた材料費の額が材料費になるんじゃ？

そこがシロウトの浅はかさだな。仕入れた材料を全部使うとは限らんだろう？

　仕入れた材料費を、そのまま製品の材料費とすることはできません。材料は、つくる分だけ仕入れるとは限らないからです。

●「製品をつくるのに使った材料」を計算するのが大事です！

　大量仕入れでは値引きが受けられるので、まとめて仕入れたり、材料が足りなくなると困るので予備の分を多く仕入れたりもします。

　余った分は在庫として残るので、仕入れた材料費イコール製品の材料費とはなりません。その在庫を、次回の製品製造に使えば、また材料費の計算が違ってきます。

　ですから、製品の材料費を求めるには、製品をつくるのに使った材料の分を計算することが必要です。

なるほど、使った材料の分だけしか、材料費にしちゃいけないと。だから、計算が必要なわけですね。でも、どうやって？

ま、リクツは簡単でね。材料費に限らず、金額を計算する計算式の基本は「単価×数量」。使った材料の値段に、使った材料の量を掛ければいい。

つまりこの場合、使った材料の価格（消費価格）に、仕入れた材料の量ではなく、使った材料の量（消費量）を掛けたものが、製品の材料費になります。

式にすると、こうなります。

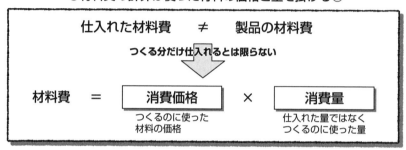

●材料費の計算は使った材料の価格と量を掛ける●

●製品をつくるのに使った材料を正確につかまなくっちゃ！

しかし、ここで問題が出てきます。そもそも、製品をつくるのに使った材料の量を、正確につかむにはどうしたらいいでしょう。製品をつくるのに使う材料の量は、毎回同じとは限りません。

たとえば、パン生地の発酵に失敗してつくり直せば、使う小麦粉の量は増えます。その日の天候や温度・湿度によって、変わってくる部分もあるでしょう。

そもそも、材料の値段はよく変わるものです。たとえば牛乳やバターは、市場の需給動向によって仕入価格が毎回のように変わります。

困りましたねえ。

ここで原価計算の出番なんだな。消費量も消費価格も、ちゃんと出せる方法があるんだよ。

③ 使った材料の量を求めよって そんなの簡単……じゃない!?

「継続記録法」や「棚卸計算法」を用いる……って何？

材料の消費量だけど、これは、仕入れた材料を必ず、いったん倉庫か冷蔵庫に入れることにしておけばいい。倉庫や冷蔵庫から出した量が、消費量になるってしくみだ。

消費量を正確につかむ方法の基本は、置き場所を決めておくことです。たとえば小麦粉は倉庫、牛乳とバターは冷蔵庫と決めておけば、倉庫と冷蔵庫から出した量が消費量になります。

では、どうしたら倉庫と冷蔵庫から出した量がつかめるでしょう。

えーと、倉庫と冷蔵庫から出すたびに、出した量をメモしておいて、後で合計する？

すぐに思いつくのは、材料を倉庫と冷蔵庫から出すつど、きちんと記録しておくことでしょう。

でも、メモはだめです。「材料出庫票」という伝票や、「材料元帳」という帳簿などを使ってきちんと、出庫するつど小麦粉○○キログラムなどと記録していきます。

この方法は「継続記録法」といいます。材料の消費量をつかむために、最も基本的で確実な方法です。

でも、継続記録法は手間がかかるんだよな。

たとえば材料が1日に何度も、少量ずつ出庫するものだったら、そのつど記録する手間は割に合いません。まして、その原価が数銭程度だとしたら、記録をとる人件費のほうが高くつきます。

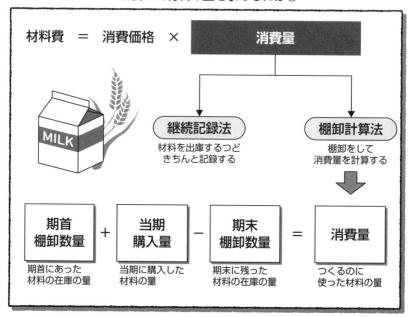

●使った材料の量を求めるには●

材料費　＝　消費価格　×　消費量

継続記録法
材料を出庫するつど
きちんと記録する

棚卸計算法
棚卸をして
消費量を計算する

期首 棚卸数量	＋	当期 購入量	－	期末 棚卸数量	＝	消費量
期首にあった 材料の在庫の量		当期に購入した 材料の量		期末に残った 材料の在庫の量		つくるのに 使った材料の量

そのような場合、期首に材料の在庫を調べておき……。

 あっ、棚卸だ！

おっ、また知ってることが出てきたな。

　期首に材料の在庫を調べておき、当期に購入した量を足して、期末の在庫を引けば、使った材料＝消費量が計算できます。

　このようにして消費量を計算する方法は「**棚卸計算法**」といいます。簡便法ですが、継続記録法より手間がかからないので、一般にはよく使われています。

　このほか、完成品の数量やいろいろな基準から逆算して消費量を計算する「逆計算法」などがあります。

④ 材料の値段が変わった？ どうしろっていうのよ!?

材料の消費価格を決める方法がいろいろあるようです！

> 材料の値段は、しょっちゅう変わるもんだ。

> そうですよね。なのに消費価格を求めろと。どうしろっていうのよ!? って感じですよね。

　たとえば、前回仕入れたときは100円だった材料が、今回仕入れたら110円に値上がりしていたという場合、両方を使ってつくる製品では、消費価格はどちらにすればよいのでしょうか。100円？　110円？　それとも中をとって105円とか？

> 大丈夫、消費価格を決める方法も原価計算で決まってんだよ。しかも5種類あって、どれでもOKってことになってる。

> それはまた、太っ腹な。

　このような場合に消費価格を決めるには、次ページの図のような方法があります。

　最も自然なのは、先に仕入れたものから、先に出庫して使うとして計算する「先入先出法」です。実際には、その順番で材料を出庫していることが多いはずなので、現実に合った計算法ともいえます。
　その逆に、後から仕入れたものから、先に出庫して使ったものとし、消費量を計算するのが「後入先出法」です。不自然なようにも思えますが、最新の価格で計算することになるので、現状をより反映しているともいえます。

| 材料費 | = | 消費価格 | × | 消費量 |

先入先出法	先に仕入れたものから先に出庫して使うと考えて計算する
後入先出法	後から仕入れたものから先に出庫して使うと考えて計算する
移動平均法	仕入れるつど平均を計算し直して消費価格を計算する
総平均法	一定期間の平均を計算して消費価格を計算する
個別法	実際の購入価格がわかるようにしておき個別に消費価格を計算する

なお、2008年に会計基準が改正され、**現在では後入先出法を財務会計や、原価計算で使うことはできなくなっています**（管理会計などで使用することは可能）。

> どれがいちばん、コスパがいいでしょうかね。

> こすぱ？　ああ、最近の若いのがよく使ってるな。要するにコストパフォーマンスだろ？　スパゲッテーみたいでピンとこないけどな。

　一方、平均の金額を計算する方法もあります。ひとつは、仕入れるつど平均を計算し直す「**移動平均法**」です。もうひとつは、一定期間の平均を計算する方法で、「**総平均法**」といいます。

●移動平均法と総平均法、個別法なんてのもあるんです

　以上の方法は、消費価格を計算で求めています。しかし、実際の購入価格から求める方法もあります。材料ごとに、実際の購入価格がわかるようにしておき、個別に計算する「**個別法**」です。

最も基本的で確実な消費価格の計算方法といえますが、材料ごとに実際の価格をわかるようにしておくのは、たいへんな手間でしょう。大量生産で、大量の製品を製造する場合には向きません。

個別法じゃなくても、どれから使ったか計算したり、平均を計算したり、消費価格を決めるのってたいへんそうですね。

それなら、エイヤッと決めちまう方法もあるぞ。

5つの方法のほかに、**「最終仕入原価法」** という方法もあります。最後に仕入れたときの価格で、エイヤッと計算してしまう方法です。とにかく手間がかからないので、中小の会社でよく使われています。

さらに、過去の実績と今後の予想から、「予定価格」というものを決めて計算する「予定価格法」も、原価計算で認められている計算方法です。

なお、以上はあくまでも計算の方法ですから、実際の材料の出庫を計算方法に合わせる必要はありません。

たとえば、5種類の中から先入先出法を選択していたとしても、厳密に1個の間違いもなく、先に仕入れたものから先に使う必要はない、ということです。

こんなに種類があると、選ぶのに迷っちゃいますね。何でこんなにいろいろあるんでしょう？

計算方法で、材料費が変わってしまうからだよ。

●計算方法を変えると材料費が変わる●

材料A

購入	先月	1,000個	@100円
	当月	600個	@110円
消費	当月	1,500個	

先入先出法 先に仕入れたものから
先に出庫して使うと考えて計算する

先月の	1,000個	×	@100円	=	100,000円
当月の	500個	×	@110円	=	55,000円
計	1,500個				155,000円

最終仕入原価法 最後に仕入れたときの価格が
全部の価格と考えて計算する

当月の消費1,500個 × 最終仕入価格@110円 = 165,000円

●計算方法によって材料費が変わってしまう！

　計算方法によって、計算される材料費が変わってきます。材料費の額が変われば製造原価の額も変わり、ひいては利益の額も変わるので、消費価格の計算方法の選択は大事です。

　会社に合った計算方法を選ぶことが必要になります。

5 材料には運賃や 保管の費用もかかってるわね

保管料などの「材料副費」を足したものが材料の購入原価です

材料費にはもうひとつ、忘れちゃいけないもんがあるんだな。何だと思う？

 えーと、「コスパのいいものを選ぶ」。

またスパゲッテーの話かい？　そうじゃなくってー……。

●そもそも「材料副費」って、どんなものなの？

　ここで、仕入原価の話を思い出してみましょう（→P18参照）。何かモノを仕入れるときには、付随費用も原価に含めて計算するのでした。

　材料も仕入れるモノですから、付随する費用がかかります。仕入れる材料の種類や量にもよりますが、一般的には買入手数料・引取運賃・荷役費（積み降ろしにかかる費用のこと）・保険料・輸入品の場合は関税などがかかるものです。これらは「引取費用」といいます。

　仕入れにともなって、かかる費用はまだあるはずです。社内では、仕入れ（購入）の事務自体にも人件費がかかっているでしょうし、仕入れた材料が届いた後も、検収（検査をしてから受け取ること）・整理・選別・手入れ・保管などの費用がかかるでしょう。

　引取費用と、仕入れにともなって社内でかかる費用を合わせたものを「材料副費」といいます。この材料副費と、材料の購入代価を足したものが最終的な購入原価です。

●「材料副費」を足したものが「購入原価」●

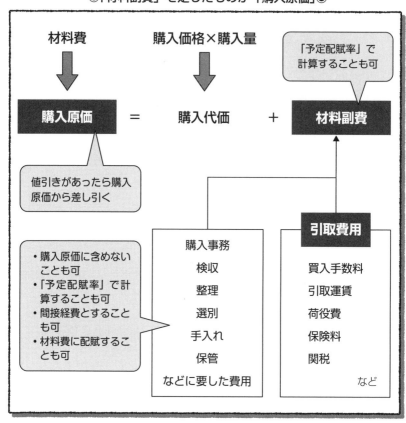

材料費

購入価格×購入量

「予定配賦率」で
計算することも可

購入原価 ＝ 購入代価 ＋ **材料副費**

値引きがあったら購入
原価から差し引く

・購入原価に含めない
　ことも可
・「予定配賦率」で計
　算することも可
・間接経費とすること
　も可
・材料費に配賦するこ
　とも可

購入事務
検収
整理
選別
手入れ
保管
などに要した費用

引取費用

買入手数料
引取運賃
荷役費
保険料
関税

など

 たしかに、材料の仕入れには運賃や、保管の費用もかかって
ますね。

ま、そんなにうるさく、いうことじゃないがね。

　社内でかかる費用は、購入原価に含めないことにもできます。引取
費用以外の材料副費の一部を、購入代価に入れないことも可能です。

　さらに、材料副費の予定額と材料の購入代価の予定額、購入数量の

予定量から、材料副費の「予定配賦率」というものを計算し、これを購入代価に掛けて材料副費を計算する方法もあります。

購入事務の費用、検収・整理・選別・手入れ・保管の費用については、それぞれに予定配賦率を決めて計算することも可能です。

なお、材料副費の一部を購入原価に入れない場合は、間接経費（→P45参照）とするか、間接費（→P42参照）と同じ考え方で材料費に割り振ります。

●仕入れるとき値引きしてもらった場合はどうなるの？

もうひとつ、知っておきたいのが値引きの処理だな。

値引き！　いい言葉ですねえ。テンション上がるわー。コスパも上がるし。

またコスパか……。なんだかよくわからないけど、そういうことだよ。それにしても、原価の話でこんなにガンガンくる子は、初めてだねえ。

……え、なんかおっしゃいました……？

いや、空耳だよ、わはは。

仕入れた材料について、仕入先からの値引きなどがあった場合は、購入原価から差し引くのが基本です。

材料を使ってしまってから値引きがわかったときは、同じ種類の材料の購入原価から差し引きます。

どの材料が値引きされたのかわからない場合は、材料副費から差し引くなど、適当な方法で処理することができます。

ふーん、材料副費はいろんな計算ができるんですね。それにしても工場長、とても勘と度胸だけでやってきたとは思えません。

昔はな、それでもよかったんだよ。だけど最近は、こすぺ……じゃなかった、コスパにはシビアでなあ。これでも勉強したんだぜ。

さすがです。さて、これで材料費までわかったと。次は原価の3要素の2番目、労務費ですね。

うーん、労務費かあ。

あれっ？　どうかしました？

労務費の計算は難しくって、苦手なんだよ。そうだ、労務部長に聞くといいや！　あいつなら労務のプロだから、ちゃんと労務費を説明してくれるだろう。

りょーかいです！　では行ってきます。

ありゃー、行っちゃったよ。まあ何にしても熱心なのはけっこう、けっこう。だけど、彼女、入社3年目だっていってたな。労務費の話についていけるかねえ……。

6 「労務費」って、いったい何の原価？

製品の製造にかかった人件費を労務費というのです

> というわけで、お話をお聞きしにきました、労務部長！

> いらっしゃい。労務費の話を聞きたいとか。じゃ、コーヒーでも飲みながら。

> わ、あちこちの部署に回ったけど、コーヒーが出てきたのは初めてです。でも、何で……？

> 労務部は、従業員の相談にのることがあるから、リラックスしてもらうためにね。とくに近年はメンタルヘルスケアが重視されていて……。あ、これは失礼、労務費でしたね。

　「労務費」という用語は、日払いや現金払いなど、一般的な月給とは違う人件費をイメージさせるかもしれません。しかし、要するに製品の製造にかかる人件費のことです。原価計算では、工場でかかる人件費の要素を「労務費」と呼ぶのです。

●労務費って、定義があるんですか？

　労務費の定義は、「労働用役の消費によって生ずる原価」というものです。つまり、同じ「消費」でも、モノではなくヒトの労働、製品の製造に人の労働が使われたときの費用が、労務費になります。

> じゃ、工場で働く人のお給料が労務費ってことですか？

給料だけじゃありませんよ。みなさんは意識していないけれど、会社では給料の2倍近い人件費がかかっているのです。

　労務費の中味は、いわゆる月給だけではありません。**会社では、本人に支払う月給の2倍近い人件費がかかっているといわれます。** 月給とは別にボーナスが支払われるし、会社によって各種手当を支給しているものです。

　退職金制度があれば、その積立て、さらに社会保険料の会社負担分もあります。それらすべてが工場の人件費＝原価要素の労務費です。

●パートやアルバイトの労務費って？

　ただし、製造原価の要素としての労務費には、営業や、総務・経理・労務などの人件費は含みません。それらは期間原価として、販売費および一般管理費に含まれます。

しかも工場ではいろいろな人に働いてもらっているでしょう？

正社員の人もいるし、パートやアルバイトの人もいますね。

　工場では、正規の社員のほか、パートで働く人やアルバイトもいます。また職種も、製造の現場で働く人、技術者、工場の事務を行なっている人など、さまざまです。

　そこで労務費は、6つに細分されています。

第1は、「賃金」ですね。製造の現場で働く人の給与ですよ。

現場の人の給料は、給料じゃなくて賃金というんだ。

　原価計算では、ひと口に給料といわれるものもいくつかに分けます。
　まず、製造の現場で働く人に支払う給与が「賃金」です。賃金には基本給のほか、時間外労働や休日労働の割増賃金なども含みます。

●「労務費」は６つに分類できる●

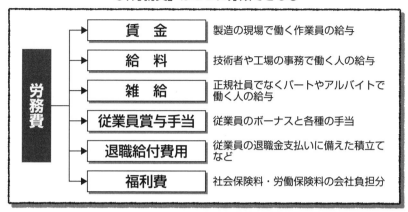

労務費		
賃　金	製造の現場で働く作業員の給与
給　料	技術者や工場の事務で働く人の給与
雑　給	正規社員でなくパートやアルバイトで働く人の給与
従業員賞与手当	従業員のボーナスと各種の手当
退職給付費用	従業員の退職金支払いに備えた積立てなど
福利費	社会保険料・労働保険料の会社負担分

 2020年の４月から、わが社のような中小企業にも残業時間の上限規制が適用されましてね。いかなる場合でも……。

 あのー、労務部長。そのー……。

 あ、これは失礼。労務費の２番目は「給料」ですよ。

　文字どおりの「給料」と呼ぶのは、技術者や、工場の事務を担当する人に支払う給与です。ただし、まったく同じ事務の仕事をしていても、本社や営業所で働く人の給与は労務費でなく、販売費および一般管理費にします。

 「雑給」というのもありますよ。これはパートやアルバイトの人の給与です。これが３番目です。

 へー、給料だけでも３つに分ける。

　製造の現場で働いているパートやアルバイトの人の給与は、「雑給」とします。雑給とされるものは、正社員の月給とは異なり、時給や日給で支払われることが多いものです。

ここまでの３つが給料で、次はボーナスと手当ですね。

ボーナスと手当も、給料とは分けるんだ。「お金に色はついてない」とか聞くけど、ここでは色分けされてるのねー。

●賞与も分類するんですか……？

４番目は「従業員賞与手当」です。文字どおり、ボーナスと各種手当が入ります。通勤手当のほか、家族手当、皆勤手当といった手当も従業員賞与手当のうちです。

ただし、製品製造に直接関わる時間外手当、深夜手当などは賃金に、役員の賞与は販売費および一般管理費になります。

５番目は退職金の積立てなどですね。

会社によっては、従業員の退職金などの支払いに備えて、一定の金額を積み立てているものです。これを「退職給付費用」といい、工場で働いている人の分は労務費になります。

そうそうiDeCo＋（イデコプラス）というのがありましてね。従業員がiDeCo（個人型確定拠出年金）に加入しているとき、会社が掛金を追加して拠出できるんです。残念ながらわが社は……。

あのー、労務部長。そのー……。

あ、これは失礼。６番目は社会保険料の会社負担分ですよ。

健康保険・厚生年金保険・雇用保険の保険料には、本人負担分のほかに会社負担分があります。労災保険は、全額会社負担です。これらのうち、工場関係の分は「福利費」とし、労務費になります。

ただし、福利費とするのは法定の福利費だけです。一般的な福利厚生費は同じ原価でも労務費でなく経費になります（→Ｐ93で解説）。

7 20日締めの給料を月末締めに合わせろって!?

支払労務費を調整して消費労務費を計算する

労務費の計算には、ひとつ問題がありましてね。会社の給与の計算と合わないんですよ。

えっ、支給額より多かったり、少なかったりするんですか!? それはたいへん！

違う違う。金額じゃなくて、計算期間が合わないのですよ。

　会社が支給する給与は、たとえば「20日締めの25日支給」などと、計算期間と支給日が決まっているものです。

　ところが原価計算は通常、暦の月初から月末までを計算期間とします（→P104で解説）。実際に支払った給与と、原価計算の労務費にはズレが生じてしまうのです。

「20日締めの給料を、月末締めに合わせろ」って話ですか？

カンタンにいうと、そういうことですね。

　もしも毎月、同じ人が同じ時間働いて、同じ給料をもらっているなら、このズレは問題になりません。

　しかし、実際には退職者や、中途入社の人がいるでしょう。在職者も月によって、時間外手当の額が変わっているはずです。

ちなみに、時間外労働の割増賃金率が、以前の25％から50％に引き上げられました。わが社のような中小企業も2023年4月から……（後略）。

計算期間のズレは、実際の労働に合わせて調整しなければなりません。そのために原価計算では、「消費労務費」というものを計算します。つまり、暦の1日から月末までに消費した労働の分の労務費です。

 そうか、労務費は「労働の消費によって生ずる原価」ですもんね。

 正確には「労働用役の消費」ですけど。81ページを参照してね。

　ここで次ページの図を見てください。消費労務費に対して、実際に支払った当月の給与を「支払労務費」とします。

　そうすると、当月1日から20日までの分は、当月の支払労務費と、当月の消費労務費が共通することになります。この分は、調整する必要がありません。

　では、当月の21日から当月末までの分はどうでしょうか。

　これは当月の消費労務費ですが、当月の支払労務費としては支払っていません。そこでこれを「当月未払高」として、当月の消費労務費に含めます。

　一方、当月の支払労務費（給与）には、前月の未払高が含まれています。これは当月の消費労務費ではなく、前月の消費労務費に含まれる未払高です。差し引かなければなりません。

　当月の消費労務費は、図の式にあるように、当月の支払労務費から前月の未払高を差し引き、当月の未払高を足したものとなります。

 要するに、今月の給料から、先月の21日から月末までの給料を引いて、今月20日から月末までの給料を足すってこと？

 カンタンにいうと、そういうことですね。

　つまり、当月の支払労務費（今月の給料）を元に、前月の分と当月

●給与と「労務費」の計算期間のズレを直す●

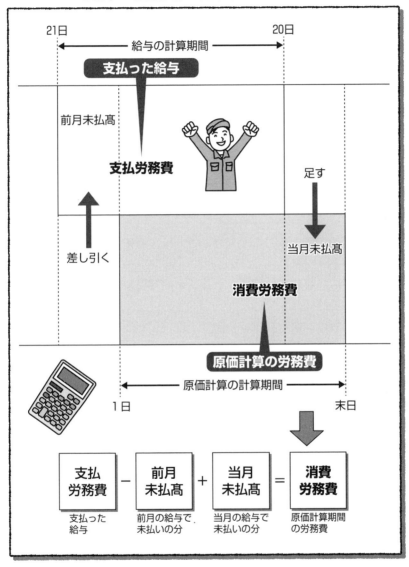

の分を調整すると、消費労務費が計算できます。このようにして計算した消費労務費が、労務費を計算する基礎になります（→次項参照）。

⑧ 「直接労務費」だけを取り出す？ こ、これはややこしい！

労務費全体の中から間接労務費を分けていくんですね

労務費のもうひとつ面倒なところは、直接労務費と間接労務費を分けることですね。

 直接費と間接費を分けるのって、材料費や経費でも面倒なのでは？

直接費と間接費をきちんと分けることは、原価計算の大事なポイントです。

といっても、材料費は簡単に直接費・間接費を分けることができます（→P68参照）。

また、経費には間接費が多いので、直接費を分けることは難しくありません（→P97で解説）。

しかし労務費は、直接費と間接費が複雑に入り組んだ原価の要素です。直接労務費と間接労務費を分けるのは、簡単ではないのです。

とはいえ、方法はあるのですよ。それは労務費全体から、間接労務費をひとつずつ分けていく方法です。

 最後に残ったのが直接労務費ってわけですね。トランプのババ抜きみたい、おもしろそー！

そ、それはちょっと違うような……。

●労務費の分類から間接労務費を分けていく●

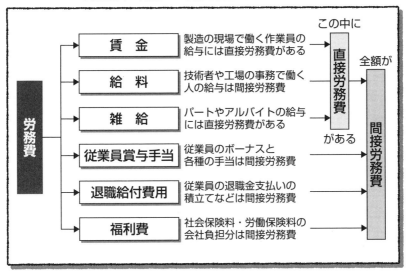

●間接労務費を分けていくって……ややこしそう！

　まず、労務費の分類（→P83参照）から間接費を分けていきます。

　たとえば「給料」は、全額が間接労務費です。技術者や事務の人の給与は、どの製品にいくらと直接つかめないでしょう。

　また、「従業員賞与手当」「退職給付費用」「福利費」も、間接労務費とすることができます。

　厳密にいえば、それらの中にも直接労務費の部分があるはずですが、それを分けるのは現実的ではありません。手間の割に、得られる効果が小さいからです。

　そこで実際の原価計算では、**従業員賞与手当・退職給付費用・福利費の全額を、間接労務費としている会社が多い**のです。

　ここまでを間接労務費とすると、残った「賃金」と「雑給」の中に、直接労務費があることになります。

なんだ、簡単じゃないですか。もう直接労務費が出てきた。

まだまだ。賃金と雑給の中にも間接労務費があるのですよ。

　賃金と雑給は、製造の現場で働く人の給与です。しかし、製造の現場だからといって、全員が製品をつくっているわけではありません。

●現場で働く人を「直接工」「間接工」に分けるんです

　そこでまず、次ページの図にあるように、現場で働く人を「直接工」と「間接工」に分けます。直接工とは、機械工、組立工など、直接的な作業をして製品をつくる人です。
　すると、直接工以外の人は間接工ということになるので、間接工の分の賃金・雑給は間接労務費にできます。

やっと、直接労務費が出てきましたね。

まだまだ。直接工の賃金と雑給の中にも、間接労務費があるのですよ。

　直接工といっても、勤務時間中ずっと製品をつくっているわけではありません。間接労務費になる時間の分は除くことが必要です。
　まず、休んでいる時間を間接労務費にします。「勤務時間」から「休憩時間」を除くと、これが「就業時間」です。

ちなみに労働基準法では、労働時間が8時間を超える場合は、1時間以上の休憩時間をとることが定められています。また、法定労働時間は1日8時間、週40時間で、時間外労働を行なう場合は……（後略）。

　次に、作業上の都合で待ち時間になった分を「手待ち時間」として除き、間接労務費にします。
　すると「実働時間」になりますが、実働時間の中にも間接的な作業

●直接作業時間から直接労務費を求めるには●

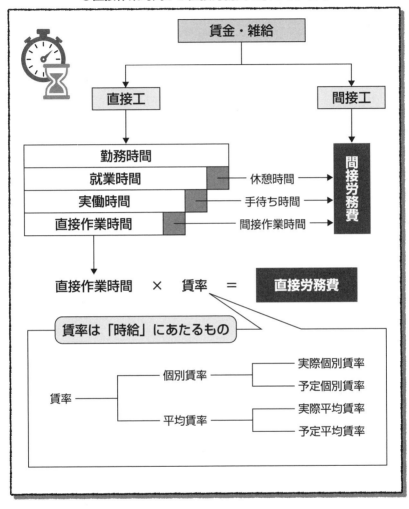

に従事していた時間はあるでしょう。この「間接作業時間」を間接労務費にして除くと、最後に残るのが直接労務費となる「直接作業時間」というわけです。

くたびれたー。永遠に続くかと思ったー。

まだまだ。直接作業時間は「時間」ですから、金額に換算することが必要ですよ。

　直接作業時間は時間の単位ですから、「時給」にあたるものを掛けると金額に換算できます。それは、原価計算で「賃率」と呼ばれるものです。「率」と付いていますが、実際は単位当たりの金額で、この例でいえば1時間当たりの労務費の金額です。

　賃率もいくつかありますが、よく使われているのは「予定平均賃率」というものです。製造の現場の作業員全体の予定賃金を、予定作業時間で割ったもので、要するに予定の時給のようなものです。
　先の計算で求めた直接作業時間に、この賃率を掛けるとようやく「直接労務費」が計算できます。ここまでの計算で除いてきた分は、すべて間接労務費です。

やっと終わった。これで労務費はOKと。次は原価の3要素の最後、経費ですね。

経費は、労務部の守備範囲外ですよ。製造部長に聞いてみたら？　製造ラインの長だから、きっとよく知ってますよ。

9 「経費」なら知ってる。 でも、その「経費」と違う？

似た費目も多いが、製造原価である点が違うんです

製造部長！ お話をお聞きしにきました。労務部長から「経費は守備範囲外だ」といわれて。で、以前、経理部長から、「君の知っている経費は、販売費および一般管理費のことだ」とかなんとかいわれたのですが（56ページ）、原価の3要素の経費は、「販売費および一般管理費」と違うんですか？

もう私の出番？ 原価について調べていると噂を聞いて、そろそろだとは思ったけどね。経費と販売費および一般管理費は、似た部分も違う部分もあるなあ。というのはね……。

　原価の3要素の経費は、まるで脈絡のない費用の集まりに見えます。次ページ図に、原価計算の憲法といわれる原価計算基準に、名前が出てくる経費の費目をあげてみました。

　これを見ると、製品の製造に直結した「外注加工費」や「電力料」「ガス代」「水道料」があるかと思えば、工場の建物や設備に関する「減価償却費」や「賃借料」などもあります。
　労務費になりそうな「福利施設負担額」「厚生費」も経費だし、「旅費交通費」「通信費」をはじめ販売費および一般管理費と共通した費目が多いこともわかるでしょう。

やっぱり、製造原価の中の「販売費および一般管理費」が経費ってこと？

そうともいえるが、そうともいえない。というのはね……。

●材料費、労務費以外の要素が「経費」●

「経費」とは

「材料費、労務費以外の原価要素」

⬇

「経費」の費目の例

外注加工費、福利施設負担額、厚生費、減価償却費、賃借料、保険料、修繕費、電力料、ガス代、水道料、租税公課、旅費交通費、通信費、保管料、棚卸減耗費、雑費

（「原価計算基準」より）

　原価計算基準での、経費の定義は明確です。それは「材料費・労務費以外の原価要素」となっています。つまり、材料費でも、労務費でもない製造原価が、経費になるわけです。だから経費の内容は、まとまりのない、バラバラなものになっています。

> わっかりやすーい。材料費と労務費以外が経費、だなんて！

> だから、経費には販売費および一般管理費と同じ費目がたくさん出てくる。というのはね……。

　原価要素の経費と販売費および一般管理費の決定的な違いは、製品製造のために使われた原価か、そうでないかという点です。

　たとえば同じ旅費交通費でも、営業部員が製品の売込みのために地方に出張すれば、これは販売費および一般管理費になります。
　一方、工場の技術者が製造装置の修理部品を引取りに地方に出かけたとしたら、販売費および一般管理費ではなく製造原価です。
　しかし、旅費交通費は材料費でも労務費でもありません。そこで、経費とするのです。材料費と労務費のほかに、経費の分類が必要なのは、そのような理由です。

10 雑多な「経費」、見事に分類してみせましょう

経費は計算の方法により4つに分類できるんです

経費は分類しないんですか？　ほら、労務費の賃金・給料・雑給……みたいに。

原価計算基準では、はっきりと分類はしてないなあ。でも、経費を分類する考え方もある。というのはね……。

　経費は、材料費・労務費に比べて内容が幅広く、経費の発生額や消費量をつかむ方法もいろいろです。

　しかし、経費の計算方法に着目して、分類する考え方もあります。

●経費は4つに分類できます！

　その分類によれば、経費の種類は「支払経費」「月割経費」「測定経費」「発生経費」の4つです。

第1の支払経費は、実際に支払った額を経費とする経費です。

　原価計算基準にも、経費は「実際の発生額」で計算すると書かれています。そこで、実際に支払った額がわかるものは、その額を経費とするわけです。

　このような経費を「支払経費」といいます。

支払った額を経費にしない経費なんて、あるんですか？

次の、月割経費の説明を読めばわかるよ。

　実際に支払った額といっても、たとえば減価償却費や不動産賃借料

などは、１年分や数カ月分をまとめて支払うものです。原価計算は１カ月の単位で行ないますから、実際に支払った額で計算すると12倍、数倍になってしまいます。

そこでこのような経費は、月割りの計算をして１カ月の経費とするのです。これを「月割経費」といいます。

たしかに月割経費は支払った額を経費にできませんね。

次の測定経費も、実際に支払った額を経費にできない経費だ。

電力料・ガス代・水道料などは、それぞれの会社などが決めた期間で請求され、支払います。原価計算の計算期間、月初から月末までと一致するとは限りません。

しかし、電気・ガス・水道などは、設置されたメーターで消費量がわかります。そのような、実際の消費量を元に計算するのが「測定経費」です。

●実際の支払がない経費もあるんですね～

４番目の発生経費は、理解するのが、ちょっと難しいかもしれないが……。

実際に支払った額でなく、計算のうえで発生する経費があります。

たとえば「棚卸減耗費」というのは、材料などの在庫を調べたときに、何らかの理由で帳簿の記録より少なかった場合、その差額を費用として計上するための費目です。これも経費に分類されます。

この棚卸減耗費のような、**実際の支払いがなく発生する計算上の経費を「発生経費」といいます**。

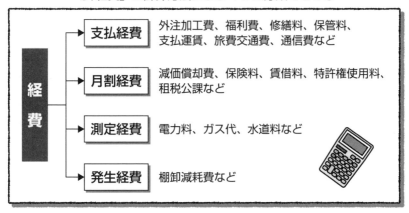

●「経費」は計算方法により４つに分類できる●

経費		
	支払経費	外注加工費、福利費、修繕料、保管料、支払運賃、旅費交通費、通信費など
	月割経費	減価償却費、保険料、賃借料、特許権使用料、租税公課など
	測定経費	電力料、ガス代、水道料など
	発生経費	棚卸減耗費など

ふむふむ、ちゃんと理解できましたよ。製造部長、お見事！経費が分類できたじゃないですか。

……って、別に私が考えた分類じゃないんだけど。

それでもこんなにわかりやすく説明できるって、スゴいです。

　経費も、「直接経費」と「間接経費」に分けられます。ただし、直接経費になるものは、ごくわずかです。

　上図でいえば「外注加工費」だけが直接経費になります。ほかには、特許権使用料などが直接経費です。

　それ以外の経費は、すべて間接経費になります。

11 もともと分けられない原価をどうやって分けろと？

間接費は配賦基準とゆーものによって配賦するのです

それにしても原価計算って、直接費と間接費の分類にこだわりますね。どの原価要素でも、必ず最後には直接○○費は……、間接○○費は……って出てきますもん。

それは、間接費の存在が原価計算で最大の問題だからです。

　原価をきちんと計算しようとすると、さまざまな問題が立ちはだかって、それを解決していかなければなりません。中でも、最大の問題が「間接費」の存在です。

　そもそも、**原価のうちに間接費がまったくなかったら、原価計算は必要なかったかもしれません。**原価が発生するつど、金額を記入した伝票か何かを、これはＡ製品、これはＢ製品と分けて保存し、期末になったら合計すれば製品ごとの原価が計算できますね。

　もし原価要素ごとの集計が必要なら、Ａ製品の材料費、Ｂ製品の労務費、Ｃ製品の経費などと伝票を分けておけば、要素ごとの集計もできてしまいます。

　しかしこれは、原価がすべて直接費だったらという前提の話です。

でも、もともと分けられないから、間接費になってるんでしょう？　それをどうやって分けろっていうんでしょう。

43ページで総務部長が軽く説明してたけど、一定の基準で割り振るんだよ。これを「配賦」という。

　間接費に分類されたものは、一定の基準で各製品に割り振られます。

この割り振りを「配賦」といい、基準にするものが「配賦基準」です。

配賦はよく、飲み会のお勘定にたとえられます。

　たとえば、部長から若手、女性従業員まで、さまざまな人が参加しているると、お勘定というときに、部長は5千円、若手は3千円、女性はあまり飲んでないから千円、といった具合に総額を割り振ることがあるものです。

　あれと同じ考え方で、間接費を割り振るのが配賦で、飲み会の場合、部長や若手、女性といった立場が、配賦基準になっているわけです。

> 同期の飲み会だと、割り勘で済ませちゃいますけどね。オンライン飲み会なら、割り勘も必要ないし。

> オンライン飲み会の場合は、配賦の必要がない直接費だと考えられるね。自分で、いくら飲んで、いくら食べたとわかるから。

> あ、そうか。なるほどねえ。

　原価計算では、配賦は1回だけでなく、あちこちで行なわれます。たとえば材料副費の配賦（→P79参照）、間接費が発生した製造部門がわからない費用の配賦（→P115で解説）などです。

> 配賦の基準は、決めるのが難しそうですね。「女性は千円」っていわれても、たくさん飲む人もいるし。あ、私のことじゃないですよ。

> 高井さんは、たくさん飲みそうだね。

> いえ、たしなむ程度です（←こういう人がいちばん飲む！）。

　配賦基準は、費用の内容に密接に関係するものを選ぶのが原則です。

　たとえば、建物の減価償却費だったら、各部門が使っている床面積。事務の費用だったら、部門ごとの人数という具合です（→P117で解説）。

●第2章まとめ●

Ⅰ．材料費は、「主要材料費」「買入部品費」「補助材料費」「工場消耗品費」「消耗工具器具備品費」の５つに分類できます。

Ⅱ．材料費は「消費量×消費価格」の計算をして、使った材料の分だけ原価にします。

Ⅲ．材料の「購入代価」に、引取運賃なんかの「材料副費」を足すと、材料の「購入原価」になります。

Ⅳ．労務費は、「賃金」「給料」「雑給」「従業員賞与手当」「退職給付費用」「福利費」の６つに分類できます。

Ⅴ．20日締めのお給料は、月末締めに直して、原価計算の労務費の計算期間に合わせます。

Ⅵ．直接労務費は、労務費全体から間接労務費を分けていって求めます。

Ⅶ．製造原価の経費は、材料費、労務費以外の原価です。

Ⅷ．経費は「支払経費」「月割経費」「測定経費」「発生経費」の４つに分類できます。

第 **3** 章

実際の「原価計算」を
見たら
ギモンがとけた

製造部の部長に聞いちゃいました

というわけで、引き続き、あらためてよろしくお願いしまーす、製造部長！

ここまでの話で、何かわからないこと、ない？

一つひとつの話はわかるんですけど、基本的なところでわかってないんですよね。じゃあ結局、原価計算はフツーの計算とどう違うのか、とか？

フツーの計算って何だよ。

　ケイ子さんのいう「フツーの計算」は何となくイメージできますが、いちおう原価の話です。フツーの財務会計と原価計算を比較してみましょう。

　まず異なるのは、最後に目的とする金額です。

●財務会計と原価計算を比較してみましょう

　決算書では、費用も利益も総額で記載されています。細かい費用なども一つひとつ集計していって、会社全体でいくらと表示するのです。
　それに対して**原価計算は、最終的にはある製品1個の原価がいくらと計算します。**そのためには、最終段階で原価を製品ごとに集計しなければなりません。

これを、原価を「製品単位」に集計するといいます。

また、製品単位に集計するために、集計の単位を決めておくことも必要です。最も一般的なのが製品1個当たりですが、10個や100個、1ダースなどとすることもあります。この1個や1ダースが、「原価単位」と呼ばれるものです。

原価単位は、通常は個数ですが、業種ごとの特色に応じて時間や、グラム、メートル、リットルなどにすることもあります。

原価単位の量の製品を「単位製品」といい、計算された単位製品当たりの原価が「単位原価」です。

えー、もう、わけわかんねー!?

いま、パニックになりかけた？　言葉遣いが乱れてるもんね。

えーと、製品単位に、原価単位に、単位製品に、それから……。

単位原価だよ。

わざと、話を難しくしてません!?

うん、ちょっと、わざとやってる（笑）。

財務会計と原価計算のもうひとつの違いは、計算の期間です。財務会計の計算期間を「会計期間」といいます。会計期間は、会社の「事業年度」と同じです。

●原価計算は1カ月単位でやるんだったよね！

事業年度は、4月から翌年3月としている会社が多いですが、これは日本では、国や地方公共団体の会計年度が4月から翌年3月になっ

ているからです。国や地方公共団体の会計年度に合わせておけば、何かと不都合がないということでしょう。

　実は、会社の事業年度は、会社が自由に決めることができます。一般的な4月始まりを半年ずらして、10月から翌年9月を事業年度としている会社も多いものです。

　また、必ず1年にしなければならないわけではなく、6カ月以上であれば自由に決めることができます。ただし、実際にそうしている会社は例外的でしょう。

> それに対して、原価計算は1カ月なんですよね（それくらい、覚えてるんだから）。

> それくらい、覚えてて当然だね。

> （ちぇ、また見すかされたか……）

　原価計算も期間を定めて、その期間内に製造した製品についての原価を計算します。これは、財務会計の会計年度と同じではありません。

　原価計算の期間は、とくに「原価計算期間」と呼び、通常は暦の1日から月末までの1カ月になっています。

> （こんな基本的な話、何の役に立つんだろう？）

> こんな基本的な話が、何の役に立つんだと思ったでしょ？
> でも、原価計算を理解するために役立つんだなあ、これが。

　たとえば、面倒な計算を繰り返して直接労務費を求めるのは（→P91参照）、正確な単位原価を計算するためです。また、20日締めの給料を、わざわざ月末締めに計算し直すのは（→P85参照）、原価計算期間の原価を正確に集計するためです。

　このように、原価計算で行なっているいろいろな計算の意味が、こ

◉「製品単位」に集計して「単位原価」を計算◉

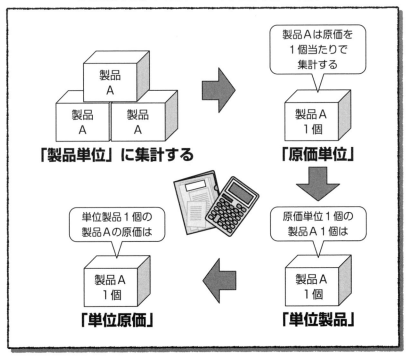

の単位原価と原価計算期間を知っておくことで理解できます。

 うーん……何となくわかるような……。

基本的だけど、そこから理解することですね。基本を知らないと原価の下げ方もわからないんだから。

 (……その、原価の下げ方を手っ取り早くサクッと知りたいんだけど！)

2 原価の計算手続き、ひょっとしてこれがキモ!?

原価計算の手順は3ステップと決まっているんです

単位原価と原価計算期間が重要なことはわかりましたけど、まだ原価計算がどんなものか、ピンとこないなあ。

それは、まだ全体を通して見てないからじゃないかな。原価の計算手続きといって、原価計算の手順は細かく決められている。どの段階で、何を計算しているかを見れば……。

それ、いいかも！　ひょっとして、これが原価計算のキモなのでは!?

これで私も原価計算の達人だ、っていま思った？

思ってません。

　原価の計算手続きは、「まず費目別に計算し、次いで原価部門別に計算し、最後に製品別に集計する」（原価計算基準より）ことになっています。**費目別計算→部門別計算→製品別計算の3ステップ**です。

費目別計算というと、主要材料費とか、賃金とか、外注加工費とか？

そのとおりだ。私って優秀、っていま思わなかった？

思ってません。

　第1段階の費目別計算は、原価を、第1章や第2章で見てきたよう

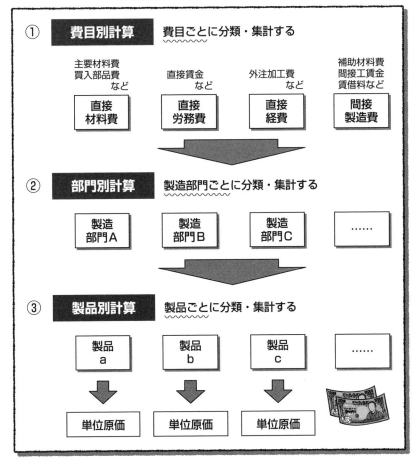

●原価計算は３ステップで進める●

① **費目別計算** 費目ごとに分類・集計する

主要材料費
買入部品費
など

| 直接
材料費 |

直接賃金
など

| 直接
労務費 |

外注加工費
など

| 直接
経費 |

補助材料費
間接工賃金
賃借料など

| 間接
製造費 |

② **部門別計算** 製造部門ごとに分類・集計する

| 製造
部門A | | 製造
部門B | | 製造
部門C | | …… |

③ **製品別計算** 製品ごとに分類・集計する

| 製品
a | | 製品
b | | 製品
c | | …… |

| 単位原価 | | 単位原価 | | 単位原価 |

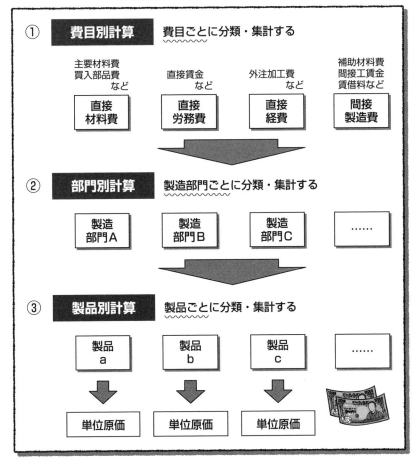

な費目に分類することから始まります。最初の作業は経理部──財務
会計の仕事ですが、これが原価計算の第１段階です。

　**費目別計算では、原価の３要素に加えて直接費・間接費の分類も行
なう**ので、「直接材料費」「直接労務費」「直接経費」、さらに間接材料
費・間接労務費・間接経費の３つをまとめて「製造間接費」に分類し
ます。

第2段階は部門別計算？　原価を部門別に計算するなんて、誰も教えてくれなかったな。

今ごろいうなよ、って今、思った？

思ってません。

　第2段階は、部門別計算です。工場では通常、内部がいくつかの部門に分かれています。工場全体の原価をまとめて計算するより、部門に分けて計算したほうが、正確な計算ができます。

　そこで、第1段階で費目別に分類した原価を、さらに部門別に分類し、集計するわけです。ただし、原価を分類する部門は、製造部門だけです。工場の部署の中でも労務部や、検査部、修繕部といった補助的な部門は、製品を製造していないので、原価を分類する対象になりません。

　間接費の配賦も、この段階から始まります（→P112で解説）。

第3段階が最終段階の製品別計算で、ここで単位原価を計算するわけですね。

おっ、専門用語を使ってるな。私って覚えが早い、って今、思ってるだろ？

思ってません。

　最終的に単位原価が計算できるように、原価を製品ごとに分類し、集計するのが製品別計算の段階です。第2段階で製造部門別に分類した原価を、さらに製品別に分類し、集計します。

　製品別に集計できれば、リクツのうえでは、その集計した金額を製造した製品の数で割れば、1個当たりの原価＝単位原価が計算できることになります。

3 第1段階「費目別計算」って、何を計算するの？

原価を費目別に分類して集計するんですね

 じゃ、まずは第1段階の費目別計算からですね。

おー、すっかりやる気になってるね。

 やる気になってますよ。これで私も原価計算の達人だ。

あ、やっぱり思ってたんだ。

　費目別計算は、財務会計の費用の計算であると同時に、原価計算の第1段階の計算になります。**財務会計＝経理部では実は同時に、販売費および一般管理費の費目別計算も行なっている**のです。

　60ページで経理部長がいっていたように、販売費および一般管理費は財務会計で集計されて、決算書に記載されます。

 そうそう、経理部長がいってた。販売費および一般管理費も、形や機能で分類してるんだって。ちゃんと覚えてる。私って優秀！

やっぱり思ってたんだ。

　一方、**製造原価の費目は、原価計算の担当です。製造原価の費目とは、原価の3要素＝材料費・労務費・経費に属する費目**のことです。

　これらの費目も、まず「形」のうえから買入部品費、賃金、減価償却費などに分類します。次に、「機能」のうえからは、主要材料費、間接作業賃金などに分類が可能です。

さらに、直接費と間接費に分類し、たとえば直接工の直接労務費は「直接賃金」の費目に、間接工の賃金は「間接工賃金」などの費目に分類するわけです。

　ふーん、44ページの「直接労務費」って、ヘンな名前だと思ってたけど、ちゃんと「直接賃金」って費目があるんだ。今ごろいうなよ！

やっぱり思ってたんだ。

　以上のような費目別計算（分類）によって、原価はたとえば次ページの図の左側のような費目に分類されます。
　このような費目別に分類し、費目ごとに原価を集計するのが「費目別計算」での仕事です。

　ふむふむ、ここまではだいたい、今までに出てきたところね。ぜーんぶ理解できた。私って覚えが早い！

やっぱり思ってたんだ。

　直接費と間接費の分類によって、すべての費目は直接材料費・直接労務費・直接経費、間接材料費・間接労務費・間接経費の６つに分類できます。

　図にあるように、直接材料費・直接労務費・直接経費の３つが直接費、間接材料費・間接労務費・間接経費の３つが間接費です。
　このうち、**直接費である直接材料費・直接労務費・直接経費は、部門別計算をとばして製品別の計算に進みます。**

　しかし、間接材料費・間接労務費・間接経費は、次の部門別計算で配賦されることになります。
　この配賦は、間接材料費・間接労務費・間接経費として行なうことはないので、この後、間接材料費・間接労務費・間接経費をきちんと

●原価を「費目別計算」で分類する●

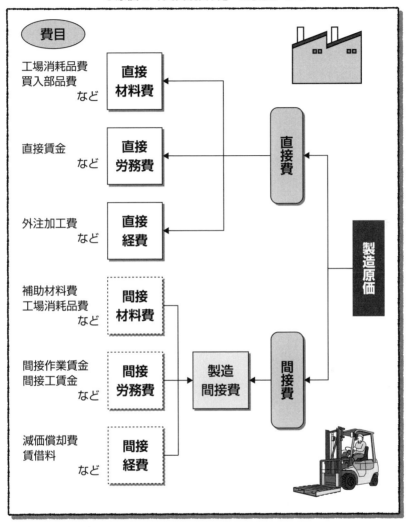

分類しておく必要はありません。

　そこで費目別計算の段階では、この３つをまとめて「製造間接費」といいます。この後、製造間接費という用語が出てきたら、間接材料費・間接労務費・間接経費をまとめたものと思い出してください。

4 第2段階「部門別計算」これ、何で必要なの!?

分類しておいたほうが適切な配賦基準が選べます

第2段階は、初めて聞く部門別計算ですね。でも、何で部門別の分類なんて必要なんだろう？

それはね、この段階で製造間接費の配賦を行なうからだよ。

　第2段階の部門別計算では、第1段階の費目別計算で費目別に分類した原価を、さらに部門別に分類します。**なぜ、部門別に分類するかというと、ここでも間接費の配賦の問題があるから**です。

●間接費の配賦は、どんな配賦基準を使うかがポイントです

　間接費の配賦では、どんな配賦基準を使うか、配賦基準の選択が重要です（→117参照）。

　もし、費目別計算から製品別計算に直接、進んでしまうと、間接費の配賦はひとつの配賦基準で一括して行なうことになります。これでは適切な配賦基準を選択することができません。

　その点、先に部門別に分類しておけば、そのつど最適な配賦基準を選択することができます。より適切な配賦ができるわけです。

　また、原価管理（→P35参照）の視点から見ても、部門別に分類しておいたほうが、原価について部門としての責任が明確になります。
　さらに、経営者が会社の経営状態を分析したり、経営について意思決定をする際にも、部門別に分類してあるほうが役に立つでしょう。

じゃあ、原価を部署別に分類して、責任をはっきりさせるんですか？　この原価は製造部の責任だ！　とか？

そんなに単純じゃない。というのはね……。

　原価を分類する「部門」は、会社が組織として設けている「部署」と同じとは限りません。原価を分類するための区分なので、部署の中で複数に分けたり、複数の部署をまとめたりすることもあります。

　このような、原価を分類するための区分が**「原価部門」**です。部門別計算のために、ひとつの部署を分けたり、いくつかの部署をまとめたりして原価部門を決めることは「原価部門の設定」といいます。
　ただし、計算のしやすさなどを考えて、組織上の部署を原価部門として設定することがあります。
　また原価部門が、たとえば製造部としてひとつしかない場合など、原価部門をさらに細かく分けることも可能です。その場合、原価を分類する最小の単位を「コストセンター」といいます。

原価部門は初めて出てくる話なので、いつもより詳しめに説明しておこう。ここをちゃんと知っておかないと、後がたいへん……。

　原価部門は、「製造部門」と「補助部門」の2つに分けられます。
　製造部門は、直接、製造の作業を行なう部門です。たとえば機械をつくる会社なら、加工部とか組立部などが製造部門にあたります。
　補助部門は、製造部門の補助的な仕事をする部門です。**補助部門も、大きく2つに分けられます。**「補助経営部門」と「工場管理部門」です。

●補助経営部門と工場管理部門って、どう分けるの？

　補助経営部門は、間接的に製造の補助を行なう部門です。たとえば、動力部・修繕部・検査部といった部署があったら、それらが補助経営

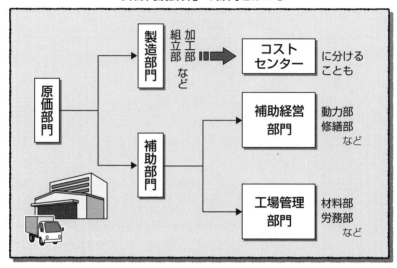

●「部門別計算」の部門とは？●

原価部門 → 製造部門（加工部・組立部 など） ➡ コストセンター に分けることも

補助部門 → 補助経営部門（動力部・修繕部 など）

補助部門 → 工場管理部門（材料部・労務部 など）

部門になります。

　一方、工場管理部門は、工場の管理的な仕事をする部門です。材料部・労務部・工場事務部といった部署が、工場管理部門にあたります。

じゃあ、部門別計算では製造間接費を、製造部門と補助経営部門と工場管理部門の３つに分類するんですね。

そんなに単純じゃない。というのはね……。

　部門別計算は、製造間接費を全部門に分類するわけではありません。製造間接費は最終的に製造部門だけに分類し、集計するのです。

　というのは、原価計算の最終段階は製品別計算ですが（→P106参照）、補助部門は直接、その製品の製造にタッチしていないからです。製造間接費は直接、製品の製造にあたった製造部門にだけ分類します。

　そのため、いったん補助部門に分類した製造間接費も、次の段階で再び製造部門に分類し直すのです。これは次項で。

5 あれ？ 第2段階の中にも第2段階がある？

「製造部門費」と「補助部門費」は分ける

> だから、部門別計算は2段階に分けて行なうんだ。第1段階では、製造間接費をすべての部門に分類する。第2段階では、補助部門に分類した分を製造部門に割り振る。

> 部門別計算は原価計算の第2段階なのに、その中にまた第2段階があるんですか!? そんなに単純じゃないな。

> そ！ そんなに単純じゃないんですね。

　部門別計算の第1段階では、まず製造間接費を、特定の部門の分と各部門に共通する分に分類します。製造間接費であっても、どこの部門で発生したとわかるものがあるので、あらかじめ分けておくのです。

　どこの部門で発生したとわかるものは「部門個別費」、どの部門で発生したとわからず、部門共通の費用とするものは「部門共通費」といいます。

　部門共通費はもうこれ以上、分類ができないので、そのまま何らかの基準で、製造部門に割り振ることになります。

　一方、部門個別費は、製造部門で発生した「製造部門費」と、補助部門で発生した「補助部門費」に分けられます。

　このうち製造部門費は、製品を製造している部門で発生した分なので、発生した製造部門にそのまま割り当てることが可能です。

●「部門別計算」で製造部門に分類する●

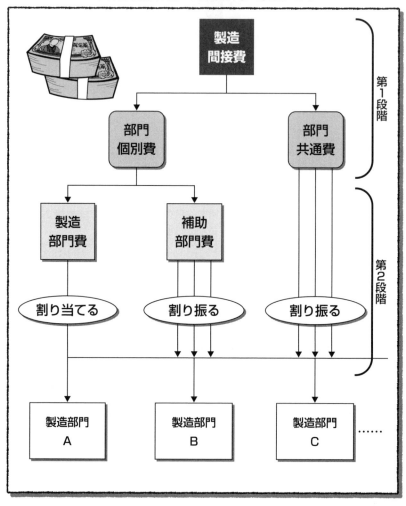

製造
間接費

部門
個別費

部門
共通費

第1段階

製造
部門費

補助
部門費

割り当てる

割り振る

割り振る

第2段階

製造部門
A

製造部門
B

製造部門
C

……

しかし、補助部門費のほうは、もう一度、製品を製造している製造部門に割り振る必要がある。

さらに次項に続くんですね……。

6 間接費を割り振る「配賦基準」、どんなものがあるの？

補助部門費は3つの配賦法と基準で配賦します

部門共通費と製造部門費、それに補助部門費は、部門別計算が終わるまでに、すべて製造部門に分類し、集計しないといけない。そうしないと、第3段階の製品別計算ができない。

それは困りますっ！　原価計算の全体を一続きで見ないことには……。部長、何とかしてください！

いわれなくても、何とかするけど……。

製造部門費と補助部門費、部門共通費はそれぞれ、製造部門に分類・集計する方法が異なります。

●どの製造部門で発生したかわかるように割り振る……って？

まず、製造部門費は前項で見たとおり、どこの製造部門で発生したとわかるので、直接、その製造部門に割り当てることが可能です。このように**間接費を直接、割り当てることを「賦課」**といいます。

補助部門費は後で見ることにして、次に部門共通費ですが、これは前項でふれたとおり、何らかの基準で製造部門に割り振ることになります。つまり、配賦基準によって配賦するわけです。

配賦基準にはどんなものが？

たとえば電力料・ガス代・水道料なら、作業時間数や機械の運転時間数などが用いられます。全製造部門の機械の運転時間数を集計して、

たとえば製造部門Aの運転時間が全体の10％だったら、全電力料の10％を製造部門Aに配賦、とするわけです。

また、通信費や旅費交通費なら、作業時間数や製造部門ごとの人数などが配賦基準として適当でしょう（→次項参照）。

残るのは、問題の補助部門費ですね。部長、がんばれ！

別に私ががんばらなくても補助部門費の配賦はできるが……。補助部門費の配賦にはひとつ、問題があるんだ。

補助部門費の配賦にはひとつ、問題があります。補助部門は、補助部門同士でもサービスを提供し合っているということです。

● ３つの配賦法があるのか〜〜

たとえば労務部では、人事管理や社会保険事務などを行なっています。そのサービスは、製造部門はもちろん、他の補助部門にも提供しているわけです。そのような補助部門同士のサービスをどう計算するかで、製造部門への配賦が違ってきます。

この問題を解決するのが、３つの「配賦法」です。

まず、補助部門同士のサービスはなかったものとして、製造部門に配賦する方法があります。それが**「直接配賦法」**です。計算が簡単になるので、直接配賦法はよく使われています。

次に**「階梯式配賦法」**は、提供し合っているサービスの量によって、補助部門に順位を付ける方法です。順位に応じて製造部門に配賦すると、計算表が階段のような形になるので、「階梯式」と呼ばれています。

３番目は**「相互配賦法」**です。この配賦法では、製造部門と補助部門を区別しません。補助部門も、他の補助部門の補助部門費を割り振られることになり、相互に配賦することになります。

●製造間接費の「賦課」「配賦」とは？●

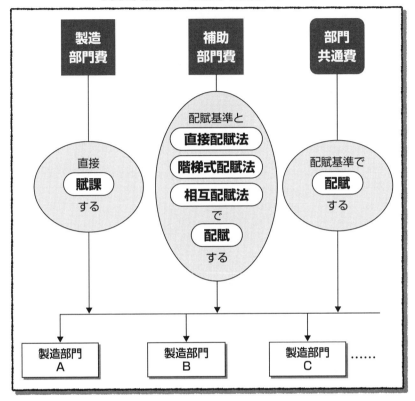

補助部門費は、この３つの配賦法と、適切な配賦基準を使って製造部門に配賦されるんだよ。

製造部門費は賦課、補助部門費は配賦法と配賦基準で配賦、部門共通費は配賦基準で配賦と。これで部門別計算は終わり、かな？

終わりだよ。次は最終段階、製品別計算だ。

やった！　いよいよ最終段階だ！

7 最終段階「製品別計算」、やっときましたね！

製造部門費を製品に配賦してみましょう

> ついに製品別計算。さあ、早いとこ計算しましょうよ！

> まあまあ、あせらないで。製品別計算は部門別計算と違って、直接費と間接費をすべて集計する計算だ。それをするためにまず、この段階で直接費と間接費がどうなっているか、見ておこう。

　第1段階の費目別計算で、原価は直接材料費・直接労務費・直接経費、さらに製造間接費の4つに分類・集計されています。

●第1段階は費目別計算。その後もステップが続く～

　このうち、直接材料費・直接労務費・直接経費の3つは、どの製品にいくらと集計できます。製品別計算の段階で、製品Aがいくら、製品Bがいくらと集計することが可能です。

　一方、製造間接費は、どの製品にいくらと計算できません。そこで、第2段階の部門別計算で、部門個別費と部門共通費、製造部門費と補助部門費の分類をして、製造部門費に集計されています。

　つまり、どの製造部門にいくらと集計されているだけで、製品Aにいくらか、製品Bにいくらかは決まっていないのです。

> 製造部門費は、また配賦が必要ってこと？

> そういうこと。製品別計算でまずすることは、製造部門費の製品への配賦だよ。

　ここで下図を見てください。ケイ子さんと製造部長がこのページでした話を、図にまとめたものです。

　直接材料費と直接労務費、直接経費は、費目別計算の段階で分類が済み、部門別計算をとばして、製品別計算にきています。しかし、製造間接費は、部門別計算の段階で製造部門費に分類されたところで止まっています。製品別計算の段階で適切な配賦基準を選び、製品に配賦しないと、製品別に分類・集計することができません。

●製品別計算で「製造部門費」を配賦する●

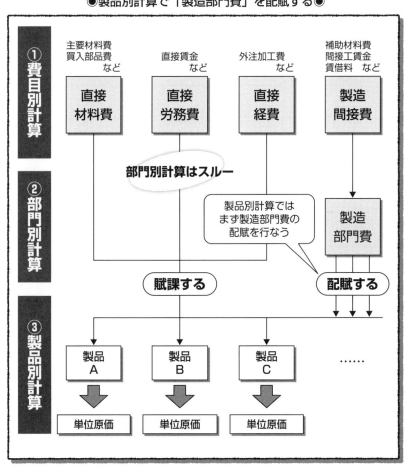

製造部門費を製品に配賦する配賦基準もいろいろあります。

　直接材料費は製品の製造原価として代表的なもので、金額も費目別計算により明確です。そこで、直接材料費の額を配賦基準にすることがあります。

　たとえば、製品Aの直接材料費が60万円、製品Bが30万円、製品Cが10万円だったとしましょう。この直接材料費の割合（A：B：C＝6：3：1）に応じて、製造部門費を配賦するわけです。

　仮に製造部門費が200万円だったとしたら、製品A・B・Cへの配賦額は、それぞれ120万円・60万円・20万円になります。このようにして、直接材料費を基準とした配賦が可能です。

> 直接材料費を配賦基準にする、か。わかりやすいですね。じゃ、早いとこ配賦しましょうよ！

> まあまあ、あせらないで。金額を基準にして配賦する方法もいろいろある。手っ取り早く原価を減らしたいと思ってるならマチガイですよ。計算ができないと下げ方もわからない。

　直接材料費の額を基準として配賦する方法を「直接材料費法」といいますが、ほかにも金額を基準として配賦する方法があります。

●**直接労務費法……わかんない！！**

　直接材料費法と同様に、直接工の直接賃金を基準にして配賦するのが「直接労務費法」です。また、「素価法」と呼ばれる方法もあります。素価とは、直接材料費と直接労務費の合計のことです。

> 直接材料費と直接労務費の合計を配賦基準にする、か。これもいいですね。じゃ、素価法で早いとこ配賦しましょうよ！

> まあまあ、あせらないで。物量を基準にして配賦する方法もいろいろあるんだ。

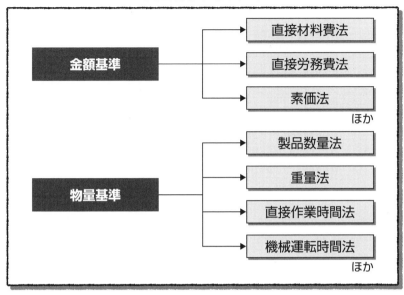

●製造部門費の配賦基準●

金額ではなく、数量・重量・時間などの「物量」を基準に配賦する方法もあります。

最も単純に考えて、製造した製品の数を基準に配賦するのが「製品数量法」です。数が数えられない場合などに、数量に代わって重量を基準として配賦すると「重量法」になります。

また、直接工の直接賃金に代わって、直接作業時間（→P91参照）を基準に配賦するのは「直接作業時間法」です。「機械運転時間法」はいうまでもなく、機械の運転時間を配賦基準にします。

金額基準と物量基準、か。これで製造部門費も配賦できますね。早いとこ配賦して、製品別計算を完了しましょうよ！

まあまあ、あせらないで。この章の最初にいったでしょ、原価計算は単位原価を計算するものだって。次項に続くよー。

「単位原価」の計算か……
まだまだ先は長そうね

仕掛品も計算に入れて単位原価を計算する必要があるんです

そっか、製品別に直接費を賦課して、間接費を配賦しただけじゃ、終わらないんだ。1個当たりいくらを計算しないとね。じゃ、早いとこ計算して、製品別計算を完了しましょうよ！

まあまあ、あせらないで。せっかちだねえ。単位原価の計算も、ちょっとやっかいなんだ。

どうして？　製品別に集計した原価を、製品の数で割るだけでしょ。

そんなに単純じゃない。というのはね……。

　ふつうに考えると、単位原価——製品1個当たりいくらかを求めるのは簡単に思えます。製品別に集計した原価を、製造した製品の数で割ればいいと考えられるからです。

　しかし、ここでひとつ問題があります。

●製造過程の「仕掛品」の原価も計算しなくっちゃ！

　一般的な製造業の会社は、同じ種類の製品を連続してつくり続けているものです。しかも、製造開始から完成までには、ある程度の時間がかかることでしょう。

　その結果、製造ラインの上にはつねに、製造途中の製品が残っている状態になります。この、製造途中で未完成の製品のことを「仕掛品」といいます。

製造途中の仕掛品かあ。たしかに、これを何とかしないと、ちゃんとした単位原価が計算できませんねー。

おっ、早くも計算するのは、あきらめたみたいだね。

まず、製品1個当たりの原価＝単位原価を求める式は次のようになっています。

$$完成品原価 \div 完成品数量 = 単位原価$$

●完成品の数量はすぐわかるけど原価はちょっと面倒です～

完成品の数量はすぐにわかりますが、完成品の原価は仕掛品が関係するため、少しややこしいものになります。

つまり、**前期末に仕掛品で、当期中に完成品になった分の原価は完成品原価に含み、当期末に完成品にならず、仕掛品になっている分の原価は完成品原価に含まない**ということです。

う～ん。ややこしいですな。

つまり前期末の仕掛品の分の原価を加え、当期末の仕掛品の分の原価を除くという計算をする必要があります。

ここで、127ページの図を見てください。

実際の原価計算では、前項までで見たような製品ごとの原価を集計するために、「原価計算表」というものを作成します。その原価計算表で集計するのが、図の「当期製造費用」です。

当期製造費用は、直接材料費と、直接材料費以外の原価をまとめた「加工費」に分けて計算することになっていますが、その理由は後でわかります（→次項参照）。

ところで、当期製造費用とは、前項までで見た製品ごとの原価のことです。そこでこれに、まず前期末の仕掛品の分の原価を加えます。

前期末の仕掛品の分を加えるって……どうやったら、前期末の仕掛品がわかるかな？

優秀な人はわかるでしょ。ほら、使った材料の量を求めるときに……。

あ、棚卸だ！

●総製造費用は、期首の仕掛品を加えるのね！

つまり、前期末すなわち当期首に仕掛品の棚卸をして、「期首仕掛品原価」を調べておくわけです。そして図のように、当期製造費用に加えます。これが「総製造費用」です。

総製造費用には、当期の原価と、当期首（前期末）に製造ラインに残っていた仕掛品の原価が含まれています。しかし、当期の原価には、当期末に製造ラインに残っていた、仕掛品の原価も含まれているでしょう。次には、これを除かなくてはなりません。

そのためには、当期末にも当期首と同じ、仕掛品の棚卸をすればよいのです。そして図のように、総製造費用から「期末仕掛品原価」として除けば、残りが完成品だけの原価になります。

この完成品原価を、完成品数量で割ったものが単位原価です。

やっと、単位原価が計算できましたね。……あれ？　でも、仕掛品の原価って、どうやって計算するんですか？　まだ製造中なんだから、完成品の原価と同じじゃないですよね。

そうなんです。**図の総製造費用は、完成品原価と、期末仕掛品原価が入り混じった状態になっている**のです。

総製造費用から、期末仕掛品原価を除いたものが完成品原価になる

◉仕掛品をプラスマイナスして「完成品原価」を求める◉

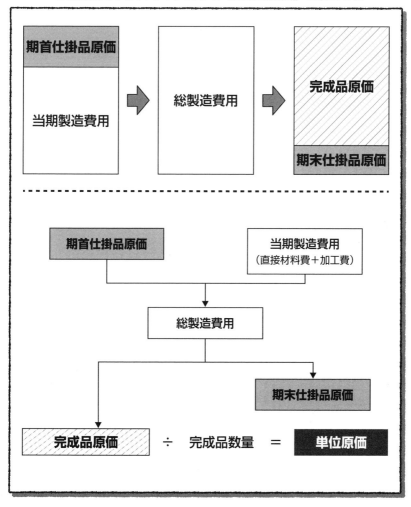

わけですから、何とか期末仕掛品原価を計算しなければなりません。その方法とは……。

えーまだ続くんですか！　長いー！　知恵熱、出そー！
to be continued（続く）

⑨ 製造途中の「仕掛品」の計算ってどうするの？

当期製造費用から期末仕掛品原価を計算するのです

そこで期末仕掛品原価の計算なんだが……。

あれ？　先に、期首仕掛品原価の計算をしないんですか？

当期末の期末仕掛品原価が計算できれば、それはそのまま来期の期首仕掛品原価として使えるから、期末仕掛品原価だけ計算すればいいんだよ。

　期末仕掛品原価の計算は、総製造費用のうち、どれだけが期末仕掛品原価かを割り出す計算です。残った分は、完成品原価になります。

●まず、直接材料費について考えてみましょう

　ところで、当期製造費用は、直接材料費とその他の加工費（間接材料費・直接労務費・間接労務費・直接経費・間接経費）に分けて計算するのでした（→前項参照）。実は仕掛品原価も、直接材料費と加工費に分けて計算することになっています。

　そこでまず、直接材料費について考えてみましょう。**直接材料費は、製品の主要な部分を形づくる材料の費用ですから、製造途中の仕掛品でもすでに使っていると考えられます。**

　つまり1個当たりでは、完成品と同じ額の直接材料費を、仕掛品にもかけられるということです。だとしたら、総製造費用のうちの直接材料費は、仕掛品の数量と完成品の数量で按分できます。すなわち、数量に比例した割合で割り当てられるということです。

たとえば、仕掛品の数量が10個、完成品の数量が100個だったら、直接材料費の110分の10が期末仕掛品原価、残りを完成品原価とすることができます。

なるほど！　直接材料費だけ分けておいたのは、そういうわけだったんですね。

仕掛品と完成品で1個当たり同じ直接材料費だとしたら、簡単に仕掛品の分を計算できるから。でも、加工費のほうはそう簡単にはいかないなあ。

直接材料費と同じ計算方法を、加工費に使うことはできません。

●加工費は「完成品換算量」とかいうもので計算するのね！

加工費は、間接材料費・直接労務費・間接労務費・直接経費・間接経費の合計です。製造途中の仕掛品では、まだ人手がかかっていない部分もあるでしょうし、電力料・ガス代・水道料などもこれからまだまだかかるでしょう。

つまり、仕掛品の加工費は、完成品の加工費より少ないはずです。

そこで加工費については、仕掛品を完成品に「換算」する方法を用います。つまり、**仕掛品○個で完成品1個というように、換算する**わけです。

そのためには、棚卸のときに、仕掛品1個1個の仕上がりの程度を測っておきます。正確には「加工進捗度」といい、要するに加工の進み具合をパーセントであらわした数字です。

材料の状態では0％ですが、加工が進むにつれてパーセンテージが上がり、完成すると100％になります。

おっもしろーい！　仕掛品○個で完成品1個、だなんて。福引券10枚で福引1回、みたいな？

仕掛品1個1個について加工進捗度を測ったら、次に、仕掛品の「完成品換算量」を計算します。つまり、すべての仕掛品が完成品何個に相当するかを計算するわけです。

　たとえば、加工進捗度25％の仕掛品が4個あったら、完成品換算量は1個になります。50％が6個なら、完成品換算量は3個です。20％が10個だと、完成品換算量は2個ということになります。

　このようにして、仕掛品全体の完成品換算量を計算することが可能です。

　そして**完成品換算量が計算できると、完成品の数量と合わせて、直接材料費と同じ按分の計算ができる**ようになります。

　たとえば、仕掛品の完成品換算量が5個、完成品の数量が100個だったら、加工費の105分の5が期末仕掛品原価、残りが完成品原価となるわけです。

　以上のようにして計算した直接材料費と加工費を合計すると、期末仕掛品原価が計算できます。この期末仕掛品原価を、総製造費用から除くと完成品原価となり、完成品数量で割って単位原価が計算できます（→P127図参照）。

　また、当期の期末仕掛品は来期の期首仕掛品となり、来期の当期製造費用に加えて、来期の総製造原価も計算できるようになります。

おもしろーい！　仕掛品を完成品に換算したら、たちまち期末仕掛品原価が計算できて、単位原価も計算できて、来期の総製造原価計算まで計算できたじゃないですか。
ほら、トランプの神経衰弱で最後のほう、1組合うと最後までパッパッパッて、残りが全部合っちゃう、みたいな？

ちょっと違うと思うぞ。

◉「完成品換算量」で加工費を按分する◉

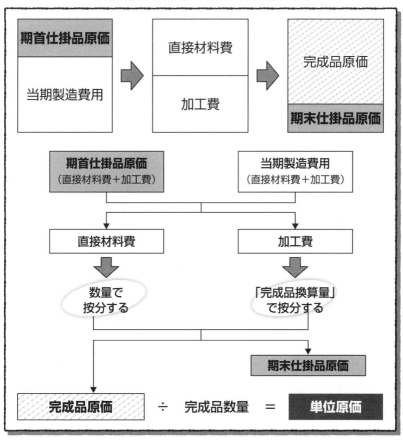

●期首仕掛品原価と当期製造原価のどちらを完成品原価にするの？

　最後に、期首仕掛品原価と当期製造費用、どちらを先に完成品原価とするかを決めます。なぜそんなことをするかというと、材料の消費価格の計算を思い出してください。

　先に仕入れた材料と、後から仕入れた材料があると、どちらを先に使ったとして計算するかで、原価が変わってしまうのでした（→P76参照）。同じことが、期首仕掛品原価と当期製造費用についても起こ

るのです。

完成品原価は当期の原価ですが、期末仕掛品原価は来期の原価になるからです。

期首仕掛品原価と当期製造費用の場合は、「平均法」「先入先出法」「後入先出法」の３つが、代表的な計算方法です（後入先出法は実際の原価計算で使うことができなくなっています→Ｐ74参照）。

材料の消費価格と同じ考え方で、期首仕掛品原価と当期製造費用のどちらを先に完成品原価とするかを決めます。

さてこれで、原価計算のゴール、単位原価まで計算できたから、後は総合原価計算と個別原価計算の話をして……。

 総合原価計算と個別原価計算？　何です？　それ。ひょっとして、また「*to be continued*（続く）」？

●どちらを先に「完成品原価」とするか●

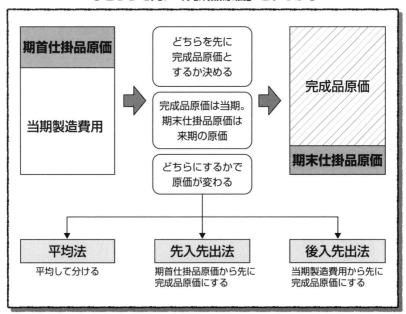

10 ここまでが「総合原価計算」？今ごろいうなよ

製品の種類などによって製品別計算は変わるんです

ここまで見てきたのが総合原価計算で、それとは違うのが個別原価計算だよ。「今ごろいうなよ」って思った？

ちょっと思いました。

ま、そう思うのも当然かもね。

　「総合原価計算」は、同じ種類の製品を連続して生産する場合に用いる製品別計算です。つまり、大量生産を行なう、一般的な製造業の会社向けの製品別計算といえます。

●製品別計算もやっておかなくては……

　もうひとつの製品別計算は「個別原価計算」といい、注文生産向けですが、これは次項で説明します。

さっきから製品別計算って強調してますけど、費目別計算と部門別計算は変わらないんですか？

費目別計算と部門別計算は同じだよ。
同じように費目別に分類し、製造間接費を配賦して製造部門費に分類・集計するんだよ。

な〜んだ、総合原価計算なんてスゴい名前が付いてるから、全然、別の原価計算があるのかと思った。

全然、別の原価計算もあるけど、それは後のお楽しみということで（→第4章で解説）。

　大量生産を行なう会社向けの、一般的な製品別計算が総合原価計算ですが、製造する製品の種類や、製造工程の違い、製品に等級があるかなどで、図のような種類があります。

●「総合原価計算」にも種類がある●

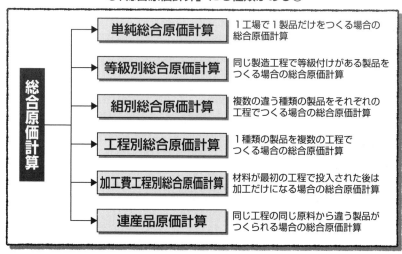

総合原価計算		
	単純総合原価計算	1工場で1製品だけをつくる場合の総合原価計算
	等級別総合原価計算	同じ製造工程で等級付けがある製品をつくる場合の総合原価計算
	組別総合原価計算	複数の違う種類の製品をそれぞれの工程でつくる場合の総合原価計算
	工程別総合原価計算	1種類の製品を複数の工程でつくる場合の総合原価計算
	加工費工程別総合原価計算	材料が最初の工程で投入された後は加工だけになる場合の総合原価計算
	連産品原価計算	同じ工程の同じ原料から違う製品がつくられる場合の総合原価計算

　基本は同じですが、製品別計算の方法が少しずつ違うのです。

まずは、単純総合原価計算。これが総合原価計算の基本だな。

●最も基本的なのが「単純総合計算」なのです

　総合原価計算の中で最も基本的なのが「単純総合計算」です。1工場で、1製品だけをつくる場合に使います。

1工場で1製品だけ……たしかに単純ですね。

次に、等級づけがある製品で使う、等級別総合原価計算。昔は、日本酒で特級酒とか1級酒とかあってね……。

その例え、古いですよ！　今は本醸造酒とか、吟醸酒とか、大吟醸とかに分けるんですよ。

むむ……何でそんなことには詳しいの？

　同じ製造工程でつくる製品に、1級や2級などの等級付けがある場合の製品別計算が「等級別総合原価計算」です。

この、図の中の3番目にある「組」って何ですか？

製品をつくる工程の違いのことだな。

　等級の違いではなく、種類の違う複数の製品を、それぞれの工程（組）で製造している場合が「組別総合原価計算」になります。電気部品製造や、什器備品製造といった業種でよく見られます。

●工程別総合原価計算って？

工程の数の違いで、分けることもあるな。

　工程の数の違いでいうと、1種類の製品を、複数の工程で製造している場合、「工程別総合原価計算」になります。
　化学工場や食品工場などでは、1種類の製品の製造でも、複数の工程を使って製造せざるを得ないことが多いものです。

同じ複数の工程で製造していても、加工費の発生のしかたで変わってくることがあるのです。

加工費っていうと、直接材料費以外のことですよね。

工程別総合原価計算は、複数の工程で製造していることが前提ですが、同じく複数の工程で製造していても、最初の工程で原料がすべて投入される場合があります。

　後の工程では、発生するのが加工費だけになるので、その場合は「加工費工程別総合原価計算」を用います。

●灯油やガソリンなどは「連産品原価計算」というものを使います

最後は連産品原価計算。

また新しい用語が出てきた。連産品って何です？

うーん、たとえば重油・軽油・灯油・ガソリンなんかのことかな。

　連産品とは、同じ工程の同じ原料から、違う製品がつくられ、どれがメインと決められないもののことです。

　製造部長があげた例のように、石油精製業の重油から、ガソリンに至る精製などが代表的です。

何で連産品だけ、総合って付いてないんですか？

簡単にいうと、特殊だから別にしておく、と考えていけばいいよ。

　連産品は、同じ工程の同じ原料からつくられるため、たとえば精製の度合いなどが違うだけで、物理的な違いを見つけるのが困難なものです。そのため、原価をいったん一緒にまとめた後で、按分するといった特殊な原価計算を行ないます。

　面倒な説明は省きますが、他の総合原価計算にはあてはまらず、総合原価計算の中でも特殊なので、別に分けておくのです。

製品別計算の種類は以上です。もっとも、実際は、ちょっと異なるんだけどね……。

　現実には、以上のような製品別計算の種類にピッタリ合うケースばかりではありません。

　そこで、複数の種類を組み合わせ、たとえば「組別工程別総合原価計算」などが用いられることもあります。

11 それじゃ「個別原価計算」ってどういうもの？

注文生産で原価を個別に計算するときに使います

どちらかというと、個別原価計算のほうが、原価計算の基本的な形だな。何しろ、製品が完成して、原価が確定してから計算するんだから。

基本的なら、そっちを先に教えてくれればいいのに……。

総合原価計算の会社のほうが、圧倒的に多いんだよ。ウチのパン工場も総合原価計算だし。個別原価計算のほうは……。

　個別原価計算は、たとえば造船・建設・大型機械製造といった業種を想像してください。

　これらの業種は、注文生産が基本なので、注文の内容によってつくる製品が変わってきます。

●「個別原価計算」と「総合原価計算」を比べてみましょう

　そのため、大量生産の原価計算のように、原価をまとめて計算することができません。「個別」に、原価を計算する必要があるのです。

　最初から個別に原価を計算するので、原価計算の最後に単位原価を計算する必要はありません。

　原価の計算は、製品が完成した時点で行なうので、原価計算期間を決める必要もありません。

　原価計算期間を決めないので、仕掛品も発生しません。

じゃあ、総合原価計算をしている会社には、個別原価計算はまるで関係ないんですか？

そうでもない。総合原価計算の会社でも、自社で使う機械や建物を、自社の設備や社員でつくる場合、その機械や建物の原価を個別原価計算で計算することがある。だから一応、やり方は知っておいたほうがいいかな。

●個別原価計算では、「指図書」というものをつくります

個別原価計算では、注文を受けたらまず、「特定製造指図書」というものを発行します。

このとき、「特定製造指図書ナンバー」というナンバーを決め、その後の原価の集計は、特定製造指図書のナンバーごとに行なうのです。特定製造指図書には、ナンバーのほか、製品の品名や製造開始日、完成予定日などが記載されています。

特定製造指図書の発行と同時に、特定製造指図書ナンバーを付けた「原価計算表」を用意します。これから発生する原価を記入していくためです。

総合原価計算でも原価計算表を使用しますが（→P125参照）、総合原価計算の原価計算表は、原価計算期間ごとに作成します。個別原価計算の原価計算表は、製品ごとです。

ひとつの製品に1枚の製造指図書と1枚の原価計算表……わかりやすーい！

だろ？　今まで、ややこしい総合原価計算の話を、ずっとしてきたからね。

個別原価計算の原価計算表には、大きく直接費欄と間接費欄があります。

●原価計算表には大きく分けると2つあるのです

　直接材料費・直接労務費・直接経費の3つの直接費は、発生するつど、または定期的に、直接費欄に記入していきます。
　一方、間接材料費・間接労務費・間接経費は総合原価計算と同様、製造間接費としてまとめ、配賦の計算をします。そして定期的に、間接費欄に記入していくのです。

これもわかりやすいですねー。ウチの会社も、総合原価計算はやめて、個別原価計算にしては？

ムリ。個別原価計算は、種類の違う製品を、個別に生産する場合に使うことになっている。コレにするなら、パンの種類を全部変えて、1個1個、個別につくらないといけない。

　個別原価計算で原価を集計するのは、製品が完成したときです。個別原価計算の原価計算表には、そのための集計・合計欄もあります。
　そこで製品が完成したら、製造間接費の残りを計算し、直接費欄と間接費欄を締め切るのです。締め切った直接費欄と間接費欄を集計し、合計すると製造原価が計算できます。

はい、これで総合原価計算と個別原価計算の話は終わり。

終わりかあ。もうちょっと聞きたかったな。実は私、副社長に原価を管理することを提案したかったんですよね。

原価の管理？　じゃ、私が、原価を勉強するのに読んだ入門書が何冊かある。それを貸すから、読んでみたら？

ありがとうございます！　そうしてみます。

●「個別原価計算」は総合原価計算とこんなに違う●

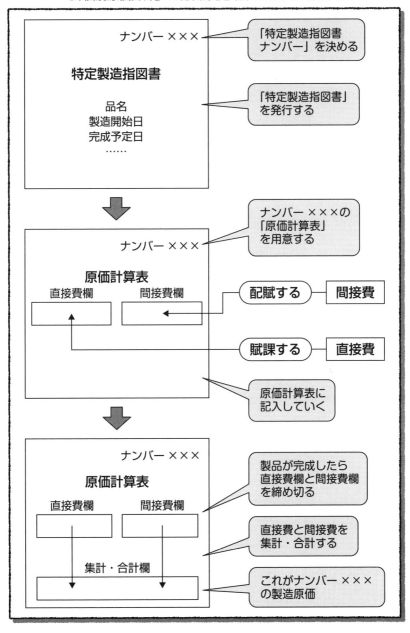

●第3章まとめ●

Ⅰ．原価計算は、製品1個当たりの「単位原価」を、「原価計算期間」を定めて計算することが特徴です。

Ⅱ．原価の計算手続きは、「費目別計算」「部門別計算」「製品別計算」の3ステップで行ないます。

Ⅲ．第1段階の費目別計算では、費目別に分類・集計した原価を「直接材料費」「直接労務費」「直接経費」「製造間接費」に分類・集計します。

Ⅳ．第2段階の「部門別計算」では、部門ごとに分類した原価を「賦課」「配賦」して、製造部門別に分類・集計します。

Ⅴ．第3段階の「製品別計算」では、直接材料費・直接労務費・直接経費を賦課し、製造間接費を配賦して、製品別に分類・集計します。

Ⅵ．配賦基準には、直接材料費法などの「金額基準」と、製品数量法などの「物量基準」があります。

Ⅶ．原価計算の最後に、製造途中の「仕掛品」を計算に入れて、製品の単位原価を計算します。

Ⅷ．製品別計算には、大量生産向けの「総合原価計算」と、受注生産向けの「個別原価計算」があります。

第 **4** 章

上手な「原価管理」の方法、あります！

次期社長に提案しちゃいました

1 コスト意識が大事って、私、いいましたよね？

社員全員にコスト意識を持ってもらいましょう！

 というわけで、提案させていただきにきました、副社長！

 な、何だ、何だ!?　提案されるようなこと、何かあったっけ!?

 ありますとも。わが社の営業赤字についてです。何とか、副社長に赤字を解消してもらわないと、秘書の私も困るんです！

 赤字の解消ねえ。それが簡単にできるくらいなら、日本中の会社が今ごろみーんな黒字になってるよ。

 副社長はコスト意識がなさ過ぎるんです！　だから部下の営業部長も「原価なんか知らん」って平気で開き直ってるし。コスト意識、大事です！

　コスト意識とは、「売上 − コスト ＝ 利益」をつねに頭に置いて、仕事をする意識のことです。そうすると、売上を大きくすることと同時に、コストを小さくすることを考えるようになります。

　製造部だけでなく、広い意味の原価＝販売費および一般管理費を発生させている営業部や、総務・労務・経理など、すべての従業員にとって必要な意識です。「原価意識」といってもいいですが、コスト意識という用語が広く一般に定着しています。

 あ、高井くんのよくいう「コスパ重視」の話？　それだったら……。

コスパ重視じゃなくて、コスト意識ですっ！　ぶっちゃけ副社長は、原価にうといですよね。

私は営業統括だからなあ。原価のことは経理部長と製造部長にお任せ、かな？

それがいけないんです。だから副社長が統括する営業部は、原価割れの値引きを平気でするし、接待交際費だってバンバン使ってるし。

いいじゃん、売上が上がれば。販売実績がいいと部内の士気も上がるんだよ。打ち上げのビールも、やけにウマいし！

●原価を割り込むような値引きはいけません！

　売上原価と販売費および一般管理費の合計が売上高を上回ると、この本の最初に秘書課長が説明したように営業赤字（→P15参照）になります。いわゆる**値引きは売上高を小さくしますし、接待交際費を使うことは、販売費および一般管理費を大きくする原因**です。いずれも、赤字の原因になりうるわけです。

それに、副社長、得意先回りや接待にも人件費がかかってること、忘れてません？

　会社では、社員が受け取る月給の２倍の人件費がかかるといわれます。ボーナスや、社会保険料の会社負担分、各種の福利厚生費などがかかるからです。

　とくに営業パーソンは、粗利ベースで、月給の３倍売り上げて一人前といわれます。３倍のうち２倍は自分の人件費の分、残り１倍は販売費および一般管理費の分です。

　そこで**原価計算では、「コスト・オブ・コスティング」を考えます。**

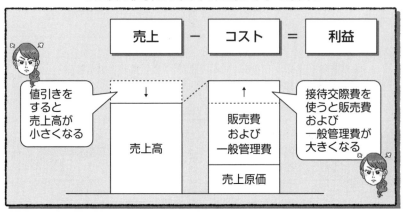

●過度の値引きや経費の乱用は赤字の原因●

コスティングは原価計算のこと、原価計算のコストという意味です。原価計算にも、主に人件費というコストがかかるので、原価計算でムダなコストが発生することは、できるだけ抑えようという意味です。

　たとえば、あれだけ綿密に行なう直接費と間接費の分類でも、重要でない直接費は間接費に含めてかまわないのです。金額が小さくて、原価計算の結果にほとんど影響しない場合などは、その分類にかける人件費に見合わないからですね。

　厳密さを求める原価計算でさえ、このような考え方ですから、製造はもちろん、営業にも、総務・労務・経理にも、「自分の人件費」というコスト意識を持ってほしいものです。

> えーと、私の役員報酬は（ピーッ）万円だから、その３倍の（ピーッ）万円、売上をアップさせなきゃいけないってこと？

 粗利ベースですってば。わが社の粗利益率は（ピーッ）％ですから、それで割って（ピーッ）万円以上は、副社長ひとりで売上をアップさせていただかないと。

プレッシャーかけてくるなあ。

② 原価を管理するための原価計算があるんです！

「原価計算」と名の付くものが3つある

わかったわかった、売上を上げればいいんでしょ。

「売上」じゃないんですっ。わが社の課題は、コスト意識を持って「利益」を上げることです。そこで、原価計算が重要になってくるんです。

原価の計算？　そんなの関係あるの？

副社長、原価って後から計算するものだと思ってません？

そうでしょ。月例の会議で、先月の製造原価はいくらいくらでした、みたいな報告があって、ああそうかって、みんなで聞いて……。

それだけが原価じゃないんです。というのはね……（しまったー、製造部長のクセがうつった）。

　利益を上げるためには、売上を上げることとともに、原価を下げることが重要になります。つまり「コストダウン」です。しかし、ただ原価を下げればいいわけではありません。

●どうやってコストダウンするかを考えるのが原価管理です

　たとえば営業部門で、必要な得意先回りや接待をなくすと、売上が落ちて利益を減らす場合があるはずです。製造部門でも、材料費削減

のために品質を落とせば、売上も利益も減らすことになりかねません。

ウチのパンは味が落ちたって、ネットでディスられたりしたら、たちまち売上落ちますからね。

　つまり、必要なのは原価の中のムダをなくす、削っていい原価を削るということです。それによって、販売価格を変えずに同じ品質を保てれば、利益が上がります。あるいは、同じ品質で価格を下げることができれば、売上も上がって利益も上がるでしょう。

そうなれば、ウチのパンは安くておいしいって、ネットでバズるな。待てよ、コストダウンなんかしなくても、今、投稿して拡散すればいいんじゃないか？　ウチのパンは、安くておいしくなりましたって。

ダメですよ。フェイクだってばれたら、副社長のアカウントも会社のホームページも炎上しちゃいますよ。

　同じ品質なら原価を上げない、できれば下げる、同じ原価なら品質を変えない、できれば上げる——これをひと言でいうと「原価管理」ということになります。利益を上げるために必要なのは、ただのコストダウンではなく、きちんとした原価管理です。
　原価管理は、もともと原価計算の目的のひとつになっています（→P35参照）。原価の中のムダを見つけるには、原価計算が行なう分類と集計が欠かせません。
　しかし、これまで見てきた原価計算は、どちらかというと原価計算の別のもうひとつの目的、決算書をつくるために、正確な原価のデータを提供することに重心を置いています。
　原価計算基準では「真実の原価」といういい方をしていますが、要するに、正確な原価を分類・集計して、そのデータを決算書に提供することが一般的な原価計算の最大の目的です。

でも、そうじゃない原価計算もあるんです。

会議で報告するだけでなく？

これはスゴイですよ。原価を管理できちゃう原価計算です！

●原価管理のための原価計算もあるんですが……

　決算書をつくるためのデータを提供することを、最大の目的としない原価計算もあります。そのひとつが、「標準原価計算」です。「原価」というものを定め、実際に発生した原価と比較・検討して原価を改善するという、まさに原価管理のための原価計算です。

　標準原価は、前もって定めておきます。通常の原価計算は、原価が発生した後で分類・集計するので、まるで逆のやり方です。

　また標準原価は、単なる原価の予算でもありません。予算というのは、過去の実績に、これくらいは達成したいという期待を込めて決められるものです。それに対して**標準原価は、科学的・統計的な根拠を基にして、現実的な目標値として設定されます**（→ P157で解説）。

　この標準原価計算では、決算書をつくるためのデータを提供することも可能です（詳しくは後で説明します）。

ふーん、それのどこがスゴいの？

原価を管理できる原価計算なんて、スゴいじゃないですか!?……じゃ、これはどうです？　売上と利益のシミュレーションができる原価計算、経理部長に教えてもらったんですけど。

　46ページで経理部長が説明した、固定費と変動費を分類する考え方の原価計算は「直接原価計算」といいます。固定と変動なのになぜ「直接」なのかは、この先を読み進めればわかるでしょう（→次項参照）。

　直接原価計算は、会社の体質改善のための分析や、売上・利益の計画立案などに役立ちます（→ P162で解説）。

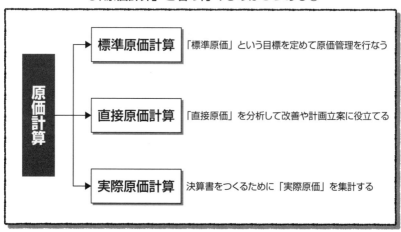

●「原価計算」と名の付くものは３つある●

原価計算

→ 標準原価計算 「標準原価」という目標を定めて原価管理を行なう

→ 直接原価計算 「直接原価」を分析して改善や計画立案に役立てる

→ 実際原価計算 決算書をつくるために「実際原価」を集計する

　ただし、直接原価計算で決算書をつくるデータを提供することはできません。

　にもかかわらず、現在でも直接原価計算が行なわれるのは、売上のシミュレーションなど、固定費と変動費を分類する直接原価計算にしかできないことがあるからです。

　以上の２つの原価計算に対して、これまで説明してきた通常の原価計算は「実際原価計算」といいます。原価計算と名が付くものは、少なくとも３つあるわけです。

> 私に提案するためとはいえ、いろいろ調べてきたなあ。やっぱり、ネットでググったの？

> いいえ、本を読みました（製造部長に借りた本だけど）。まとまった知識を身につけるなら、やっぱネットより本でしょ。

> それって、この本の宣伝してるでしょ（笑）。

3 「原価」の３つの考え方、知っておいてくださいね

原価管理や計画・分析のための原価があるんです

 原価計算が３つあるってことは、「原価」というものの考え方も、ひとつじゃないってことです。

そんなのどうでもいいじゃん。早く直接原価計算の話に行こうよ。

 まあまあ、あせらないで（なんだか製造部長に似てきたな）。原価の３つの考え方を知っておくと、直接原価計算を理解するのにも役立ちますよ。

原価の考え方は、大きく分けて３つあります。

●実際原価と標準原価を対比する方法……？

　第１は、実際原価計算の「実際原価」と、標準原価計算の「標準原価」を対比する考え方です。

　実際原価計算では、原価とは実際に発生した原価の実績値、実際原価だと考えます。

　しかし、**標準原価計算では、実際の原価が正しいとは限らない、本来、目標としている標準原価のほうが正しい原価だ、と考える**のです。そのため、標準原価計算では、標準原価を「真実の原価」だとし、実際原価と標準原価の差は「差異」として扱います。

　このような考え方で、最終的には実際原価と標準原価の一致をめざして、原価管理をするのが標準原価計算です。

ヘンな考え方。目標を達成できないのが悪いっていってるようなもんじゃないか。私は目標を達成してないけど……ブツブツ。で、次が直接原価?

まあまあ、あせらないで（この言葉、聞くとイラつくけど、いうのは気分いいわね）。次は副社長に関係深い販売費および一般管理費です。

原価の考え方の第2は販売費および一般管理費、すなわち「期間原価」です（→P54参照）。対比するのは、製造原価に分類される原価で、期間原価に対して「製品原価」といいます。

●販売費および一般管理費も一緒にする考え方も……?

第3の考え方は、全部を計算するか、一部分を計算するかという違いです。

やっと直接原価計算だと思ったのに、まだ直接原価の話じゃないの!?

実際原価計算では、「真実の原価」を計算するために、原価をモレなく集計することが必要です。これを「全部原価」といいます。

しかし、決算書をつくるためでなく、将来の計画や現状分析をするためだけなら、すべて集計しないでよい場合もあるはず。一部分だけを集計することで見えてくるものもあります。これが「部分原価」です。

部分原価は、目的に応じていろいろなものを計算できますが、「直接原価」が最も重要とされています。

直接原価計算では、製造原価だけでなく販売費および一般管理費を含めて、すべての原価を「直接原価」とそれ以外に分類します。

具体的にはまず、すべての原価を変動費と固定費に分類します（→

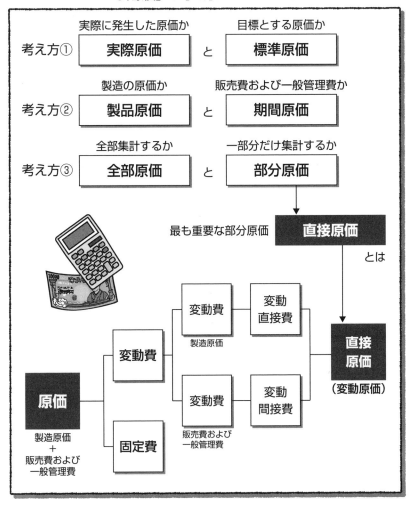

●「原価」の考え方にも３つある●

考え方①

実際に発生した原価か
実際原価

と

目標とする原価か
標準原価

考え方②

製造の原価か
製品原価

と

販売費および一般管理費か
期間原価

考え方③

全部集計するか
全部原価

と

一部分だけ集計するか
部分原価

最も重要な部分原価　**直接原価**

とは

変動費 → **製造原価** → 変動直接費

変動費 → **販売費および一般管理費** → 変動間接費

原価
製造原価
＋
販売費および
一般管理費

変動費

固定費

直接原価（変動原価）

P46参照）。このうちの、変動費が直接原価です。ただし、変動費の中の製造原価は直接費（変動直接費）ですが、販売費および一般管理費の分は期間原価なので、間接費（変動間接費）になります。

　つまり直接原価とは、変動直接費と変動間接費だけを集計する部分原価です。そこで直接原価は、「変動原価」と呼ぶこともあります。

「標準原価計算」で原価管理ができますよ

原因を分析して対策を講じるのです

それではいよいよ、標準原価計算の話です！ 標準原価計算なら原価管理ができますよ。

えっ、まだ直接原価計算の話に入らないの？

原価管理とは何か──原価計算基準に、原価管理の定義があります。

●そもそも原価管理って、どーゆーこと？

「原価管理とは、原価の標準を設定してこれを指示し、原価の実際の発生額を計算記録し、これを標準と比較して、その差異の原因を分析し、これに関する資料を経営管理者に報告し、原価能率を増進する措置を講ずること」というのが原価管理の定義です。

長い引用になりましたが、これは、この定義がそのまま「標準原価計算」の説明になっているからです。**要するに、原価の標準を決め、実際の原価を計算し、標準と実際を比較する、その差の原因をつきとめて報告し、改善する対策を講じるというのが標準原価計算**なのです。

はい、わかりました。じゃ、次の話に……。

ほんとに、わかってます？ たとえば、定義に出てくる「原価の標準」というのは……。

「原価の標準」とは、標準原価計算で「標準原価」と呼ばれるものです。標準原価は、製造の現場にとっての一種の目標として定められ

ます。標準原価を、実際の原価が発生する前に設定しておき、製造の管理者と現場の作業員に周知徹底しておくわけです。

　実際の原価が発生して集計ができたら、その実際原価と、前もって定めておいた標準原価を比較します。一致すれば、一致を報告し、後は何もすることがありませんが、その可能性はきわめて低いでしょう。ほとんどの場合は、実際原価と標準原価の間に差が出るはずです。

　その差のことを「原価差異」といいます。これを分析すると問題点が浮かび上がってきます。たとえば、材料を使い過ぎている、作業に時間がかかり過ぎている、電気を使い過ぎている、などです。

> ここがキモなんですよねー。前もって標準原価を決めておくから、実際原価との差がわかる。その差を分析すると、問題点がわかるという……。

●原価差異をさらに細かく分析してしまいましょう

　原価差異は、さらに細かく分析し（→P159で解説）、分析の結果は権限を持つ管理者に報告します。そして差異を縮める、できれば標準原価と実際原価を一致させるような対策を講じるわけです。

　このような**標準原価計算を行なうメリットは、何といっても原価管理が容易になること**です。実際原価計算では、漠然と実際原価の表を眺めても、どこに問題があるかわかりません。しかし標準原価計算では、標準原価と実際原価の差が原価差異として表示されます。原価差異の出ているところが問題のあるところと、すぐにわかります。

　また、たくさんの原価差異が出ている場合でも、原価差異は数字で示されますから、どの原価差異が大きい、すなわちどの原価の問題が大きいのかがわかります。対策を講じる管理者は、どの原価差異から

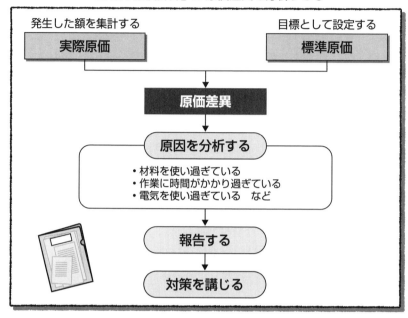

●「標準原価計算」は原価差異を分析する●

発生した額を集計する
実際原価

目標として設定する
標準原価

↓

原価差異

↓

原因を分析する

・材料を使い過ぎている
・作業に時間がかかり過ぎている
・電気を使い過ぎている　など

↓

報告する

↓

対策を講じる

取り組めばよいか、簡単にわかるわけです。

　さらに、標準原価は現場の社員にも周知されるので、現場の原価管理に対するモチベーションが上がるという効果も期待できます。

標準原価計算は、直接原価計算と違ってそのまま、決算書をつくれることもメリットなんですよ。

先は長そうだ……（早く帰ってビール飲みたいんですけど）。

　標準原価計算では、標準原価こそが「真実の原価」であると考えます。ですから、会計帳簿への記帳も標準原価が基本になり、実際原価との差額は「差異」として記入するのが基本です。

　決算書では、原価差異を売上原価と期末の棚卸高に分けて、損益計算書の売上総利益（→P26参照）にプラスマイナスします。

⑤ エイヤッって、標準原価を決めちゃダメですよ

標準原価は原価標準を基にして定めます

早く、直接原価計算の話しようよ〜。

まあまあ、あせらないで。標準原価計算の考え方って、副社長のお仕事にも応用できるんじゃありませんか？　たとえば値引きと接待交際費の目標を決めておくとか。

あー、それいいかも。値引きや接待交際費が抑えられる……かな？

でも、副社長がエイヤッって目標を決めちゃダメですよ。科学的・統計的な根拠に基づかないと。

目標……標準原価って、どうやって決めてるのかな？

　標準原価計算ではまず、製品の一定単位の原価の標準を定めます。

　そのためには、「標準直接材料費」「標準直接労務費」「製造間接費の標準」を定めることが必要です（直接経費は通常、標準を定めない）。

　これには、「物量標準」と「価格標準」を用います。つまり、たとえば標準直接材料費なら、物量標準は「標準消費量」、価格標準は「標準価格」に分けて決め、標準消費量と標準価格を掛けて標準直接材料費とするわけです。

　以上のような原価の標準を総称して、「原価標準」といいます。

　これらの原価標準を基に、標準直接材料費、標準直接労務費を集計し、一定の基準で計算した製造間接費の標準を足すと、製品の一定単

●標準原価の決め方、原価差異の計算のしかた●

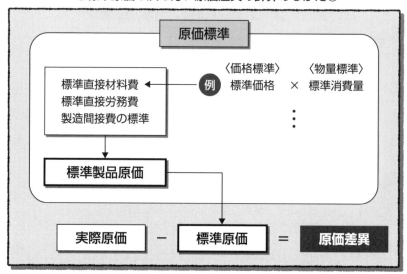

位の原価が計算できます。

これを「標準製品原価」といい、要するにこれが標準原価です。

ふーん、ずいぶん細かく決めてるんだな。エイヤッって決めてるんじゃないんだ。

細かく決めてるわけは、原価差異を分析するときにわかりますよ。エイヤッって決めると、どうしても自分に都合のいい目標になっちゃいますから。

標準原価は、理想を追求し過ぎると、現実的に達成不可能なものになってしまいます。

そこで**制度としては、「理想的標準原価」ではなく「現実的標準原価」や「正常原価」を標準原価として用いる**こととされています。

現実的標準原価とは、原価標準から計算された標準原価に、ある程度の余裕を持たせたものです。正常原価は、統計的な平均の数値に、将来の予想を加味して算出します。

6 「原価差異」で原因を つきとめてくださいね

原価差異は細かい分類を分析しますが……

原価差異を分析すると、問題点が浮かび上がるんだよな。

必ずしも問題というわけではないんですよ。というのは
……。

原価差異の中には、むしろ歓迎すべき差異もあります。

●歓迎される「原価差異」もあるんですよ〜

　たとえば、仕入担当者が努力して、同じ材料を通常より安く仕入れられた場合、これは歓迎すべき差異です。また、作業員が仕事に熟練してきて作業時間が短縮された、ガスの輸入価格が下がってガス代が値下げになった、といった場合も歓迎すべき差異が出ます。

　こうした差異を**「有利差異」**といいます。有利差異は、原因を分析する必要はあるでしょうが、対策を講じる必要がありません。

　それに対して、歓迎できない差異が**「不利差異」**です。不利差異は、原因を分析して、対策を講じる必要があります。

原因を分析するっていっても、簡単じゃないよなあ。

だいじょうぶ、ここで原価標準を細かく分けておいたのが役
立つんです。というのは……。

　実際原価と標準原価の差で、不利差異が出たとしても、それを見ただけでは原因はわかりません。そこで、さらに細かく分析を進めます。

　標準原価は、標準直接材料費、標準直接労務費、製造間接費の標準

を足して決めていたのでした（→P157参照）。

そこで、実際原価も同じように直接材料費・直接労務費・製造間接費に分類して見ると、原価差異も「直接材料費差異」「直接労務費差異」「製造間接費差異」に分けられます。

ただし、そもそもの材料の仕入れ値（受入価格）が変わっていることがあるので、最初に「材料受入価格差異」を加えておくことが必要です。原価差異は、これらにさかのぼって分析します。

たとえば、原価標準で定めた材料の価格より、実際に受け入れた材料の価格が高い場合はすぐにそれが原因とわかるでしょう。

また、直接材料費は「消費価格×消費量」ですから、実際の材料を「標準消費量」より多く使っていると、「数量差異」になります。なぜ、標準より多い材料が使われたのか、原因を調べることが必要です。

一方、実際の材料を「標準価格」より高く仕入れて使っている場合は、「価格差異」になります。どうして、標準より高く仕入れて使うことになったのか、原因を追及する必要があるでしょう。

●差異まで追及すると、よくわかる！

大ぐくりの直接材料費差異だけでは、簡単に原因がわからないかもしれませんが、数量差異・価格差異まで細かく特定できれば、原因の追求は難しくありません。

> なるほど。実際と標準の材料の量とか値段の差までわかれば、原因はつきとめられるなあ。面倒だけど何となくわかるな。

> でしょでしょ。直接労務費なんかも、同じようにつきとめられるんですよ。

直接労務費なら、「直接作業時間×賃率」です（→P91参照）。実際の作業時間が「標準作業時間」より多いと「作業時間差異」になります。これが出ている場合は、作業員がムダな時間の使い方をしていな

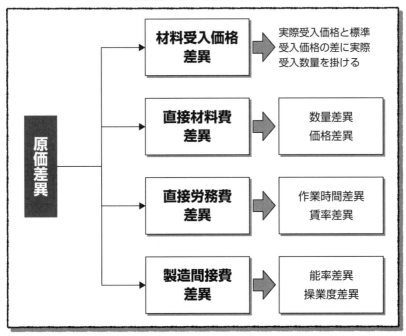

●原価差異の分析のしかた●

いか、チェックが必要です。

　また、作業時間の実際と標準に差がなく、賃率に差異が出ているときは「賃率差異」ということになります。なぜ賃率が標準より上がっているのか、原因をつきとめることが必要でしょう。

　製造間接費差異には、「能率差異」「操業度差異」などがあります。社員の作業効率が悪くなっていないか、工場の操業度が標準として設定したものより下がって、製造間接費の負担が重くなっていないかなど、チェックすることが必要です。

　このようにして、原価差異の原因をつきとめたら、資料としてまとめ、管理者に報告します。必要な対策は、原価差異の発生した部門で講じることになるでしょう。

7 「直接原価計算」はなぜ必要なのかというと……

通常の原価計算では利益が正しく計算されない

それではいよいよ、直接原価計算のお話です。

いよっ、待ってました！

直接原価計算は、これまでも見てきたように、原価を「固定費」と「変動費」に分け、変動費だけを取り出して行なう原価計算です。

原価から変動費だけを取り出すと、何がわかるでしょうか。それを知るために、通常の実際原価計算や標準原価計算の計算と比べてみましょう。

実際原価計算や標準原価計算では、固定費と変動費を分けて計算することはしません。そのため大量生産をすると、知らないうちに製品１個当たりの固定費が減り、計算上の原価が下がります。これが「大量生産のメリット」です（→P48参照）。

しかし、大量生産のメリットには、実はデメリットもあります。それは、「大量生産」をしただけで計算上の原価が下がるということです。つまり生産した後、売れたかどうかは関係ないのです。

大量生産した製品がすべて売れれば問題はないのですが、大量に売れ残っても、計算上の原価は下がったままです。

原価が下がっても、大量に売れ残ってるのはマズいよなあ。製造が善玉で、営業が悪玉みたいじゃないか。

そういう話じゃなくて、本当の利益が見えなくなるってことですよ。

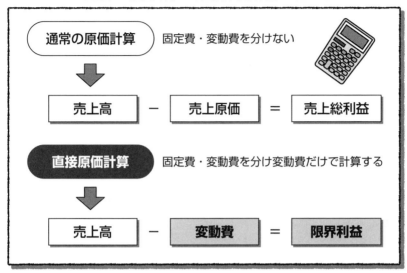

●通常の原価計算と「直接原価計算」の違い●

通常の原価計算　固定費・変動費を分けない

↓

売上高 － 売上原価 ＝ 売上総利益

直接原価計算　固定費・変動費を分け変動費だけで計算する

↓

売上高 － 変動費 ＝ 限界利益

　計算上の原価が下がると、計算上の利益が増えます。上の図を見てください。

　通常の原価計算は、図の上のような計算式で売上総利益を計算しています。大量生産をすると、この式の中の売上原価が減るので、売上高が同じなら売上総利益が増えるのです。

　この場合、大量生産をした分がどれだけ売れたかは関係ありません。大量生産をしただけで売上原価は下がり、売上総利益は増えるのです。

大量生産をした分にも、固定費を振り分けているんだよね？
その分の固定費は、どこへ行っちゃったんだ。

大量に売れ残った在庫の中に隠れて、見えなくなっちゃってるんですよ。

　そこで、直接原価計算が必要になるのです。というのは……（次項に続く）。

8 「直接原価計算」というのは どんなものかというと……

利益や固定費のシミュレーションもできるんです！

固定費が在庫の中に隠れて、計算上の利益が増えるのは困るなあ。

ですよねー。そもそも売上総利益というのは……。

　通常の原価計算で計算される売上総利益というのは、生産量が上下するだけで、増えたり減ったりする利益です。これだけを見て、会社を経営していくのは危険だといえるでしょう。

●「ゲンカイリエキ」……って何だろ？

　では、直接原価計算ではどんな利益を見るのでしょうか。

　直接原価計算では、固定費と変動費を分けて、変動費だけで利益を計算します。つまり前ページ図の下のように、売上高から変動費を引いて「限界利益」という利益を計算するのです。

何で限界なんて名前なんだ？　もうこれ以上はムリ、って利益？

経済学では、あるものが1増えたときに、別のあるものが増える量や率を「限界○○」っていうんですって。売上高が1増えたときに、コレコレの量、増える利益って意味でしょうか。

　この限界利益は、どんなに大量生産をしても、生産量に関係なく製品1個当たりの限界利益は同じです。

ですからただひとつ、売れた量＝売上高に応じて、ストレートに増減します。売上高が増えれば限界利益も増え、売上高が減れば限界利益も減るわけです。

> 限界利益が売上高だけに応じて増減するのはわかったけど、どうやって使うの？　売上高が増えたから限界利益も増えましたってだけじゃ……。

> スゴイんですよ。利益のシミュレーションとか、簡単にできちゃいます！

直接原価計算では、利益は167ページ図の①の式の考え方で計算します。

たとえば、売上高が○○億円に増えたときに、そこから売上高に応じた変動費と、売上高が変わっても変わらない固定費を引けば、売上高○○億円のときの利益が計算できるわけです。

この式で、利益のシミュレーションができます。49ページで経理部長がやってみせたのも、この式の考え方によるシミュレーションです。この式が、直接原価計算の基本になります。

> おお、これはスゴイね！　売上高○億円のときの利益いくら、ってすぐに計算できちゃうんだ。

> まだありますよ。逆に考えて、目標利益を上げるための限界利益いくら、なんて計算もできちゃいます！

①の式の（売上高−変動費）は、163ページ図の下の式のとおり、限界利益そのものです。そこで、②のように変形した式は、会社の利益計画を考える際の基本になります。

つまり、式の左側の利益を「目標利益」と置き換えれば、固定費は変わらないものとして、目標利益を上げるためにどれだけの限界利益

を上げればよいかわかります。限界利益は、売上高と、それに応じた変動費から簡単に計算することが可能です。

　通常の原価計算では、売上高が増えても利益は増えないことがありますが、限界利益が増えれば必ず利益も増えます。

利益計画かあ。毎年、経理部長が社長と相談してつくってたけど、こうやって計算してつくってたんだな。

次に、限界利益について見てみましょう。限界利益がどんだけ〜、重要かわかりますよ。

　次ページ②の式を、さらに変形すると③のようになります。

●固定費と利益の合計が限界利益ですね

　この式からわかるのは、限界利益とは固定費と利益の合計だということです。限界利益が会社の固定費をまかなう原資になっています。

　限界利益が固定費以下だと、利益が出ません。赤字になります。限界利益が固定費を上回ると、固定費をまかなって、残りがようやく利益になります。つまり、黒字に転換できるわけです。

おー、これはたしかに重要だな。私がやるのは、ただの売上アップじゃなくて、限界利益が固定費を超えるようにすることってわけだ。めざせ！　限界利益の固定費超え！

そこで次には、固定費に注目してみましょう。

　③の式をさらに変形したものが、④の式です。この式で固定費に注目することができます。

　④の式の左側を「目標固定費」に、右側の利益を「目標利益」と置き換えると、目標とする利益を上げるために、固定費をどれだけに抑

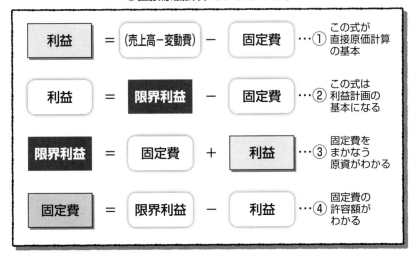

●直接原価計算でわかること●

利益	=	(売上高−変動費)	−	固定費	…①	この式が 直接原価計算 の基本
利益	=	限界利益	−	固定費	…②	この式は 利益計画の 基本になる
限界利益	=	固定費	+	利益	…③	固定費を まかなう 原資がわかる
固定費	=	限界利益	−	利益	…④	固定費の 許容額が わかる

えればよいかがわかります。

　売上高を増やし、変動費を減らすことによっても、限界利益を増やすことができますが、どちらも会社にとって簡単なことではありません。

　限界利益も、目標利益も動かせない場合、残るのは固定費を抑えることだけです。この、固定費を抑えるということも、経営計画で重要なことのひとつになります。

固定費を抑えるというと、リストラで人件費を減らすとか、正社員を非正規にするとかだな……これはいやだ、考えたくもない。

副社長、いい人ですね、グスン。経営者としては、わからないけど……。

それ、ほめてるの？　けなしてるの？

9 直接原価計算、こんなふうに使ってくださいね

製品の採算性や販売構成を考えるのに役立ちます

直接原価計算って、利益計画とか経営計画とか、大がかりな話ばっかりだね。これじゃ、年に何度も使わない……。

だいじょうぶ、副社長の日常の仕事にも直接原価計算が使えますよ。たとえば、製品の採算性を比べて有利不利を判断する、なんてのはどうです？

製品の採算性？　ふつうはアラリ、つまり売上総利益の率で見るもんだけど。

じゃ、わが社の人気商品カレーパンと、その高級バージョン、スパイスの香り豊かな辛旨カレーパンでやってみましょう。２つの価格や売上数量、原価は次ページの上表のようだったとします。あ、これはあくまでも仮定の数字ですよ。

当たり前だ。わが社の製品の売上、原価なんて重要なデータを、そう簡単に持ち出されてたまるか。

まず、副社長のいうとおり、売上総利益率で見てみますね。この計算は、ふつうの原価計算でもできるので……。次ページの中央の図のようになりました。

オリジナルのカレーパンのほうが、５％ほどいいね。アレはとにかく、数が出るからなあ。

●直接原価計算で製品の採算性を見る●

	カレーパン	辛旨カレーパン
1個当たり販売価格	100円	200円
販売数量	2,000個	1,000個
1個当たり売上原価	85円	180円
（うち変動費）	75円	145円
（固定費合計）	20,000円	35,000円

通常の原価計算	カレーパン	辛旨カレーパン
売上高	200,000円	200,000円
売上原価	−170,000円	−180,000円
売上総利益	30,000円	20,000円
売上総利益率	15.00%	10.00%

カレーパンのほうが良く見えるが……

直接原価計算	カレーパン	辛旨カレーパン
売上高	200,000円	200,000円
直接原価	−150,000円	−145,000円
限界利益	50,000円	55,000円
限界利益率	25%	27.50%

実は辛旨カレーパンのほうが少し良い

そうなんです！ 売上総利益は、生産量によって変わる利益なんです。それでは次に、限界利益と限界利益率で見てみましょう。売上高から変動費（直接原価）を引いてと……。上図の下側のようになりました！

あれ？ 辛旨カレーパンのほうが、ちょっとだけいいね。

見直しbefore	カレーパン	辛旨カレーパン	合計
1個当たり販売価格	100円	200円	ここを見直す
販売数量	2,000個	1,000個	
売上高	200,000円	200,000円	400,000円
直接原価	150,000円	145,000円	295,000円
限界利益	50,000円	55,000円	105,000円
固定費	20,000円	35,000円	55,000円
営業利益	30,000円	20,000円	50,000円

売上高50,000円(12.5%)増

見直しafter	カレーパン	辛旨カレーパン	合計
1個当たり販売価格	100円	200円	
販売数量	1,500個	1,500個	
売上高	150,000円	300,000円	450,000円
直接原価	112,500円	217,500円	330,000円
限界利益	37,500円	82,500円	120,000円
固定費	20,000円	35,000円	55,000円
営業利益	17,500円	47,500円	65,000円

営業利益15,000円(30%)増

　オリジナルカレーパンは、生産量が辛旨カレーパンの2倍あります。そのため、1個当たりの固定費が少なく計算されて、採算性が良く見えていたわけです。

　しかし限界利益率で見ると、固定費の影響がなくなって、本当に採算性が良い製品が見えます。

でも、オリジナルカレーパンだって、つくった分が全部売れてるんだから問題ないじゃん。

そうとばかりも、いえないですよ。じゃ次は、採算性が良い辛旨カレーパンを、よりたくさん売ることを考えてみましょう。副社長、できますよね？

ＰＯＰをつくって置くとか、目立つ場所に置くようにするとか、販売員がオススメするとかで、できるけど。

それじゃ、現状で170ページ上表のようになっている販売構成を、辛旨カレーパン1,500個に増やしてみます。でも、その分オリジナルカレーパンの売行きは落ちるだろうから、こちらは500個減らしてと……。はい、170ページ下表の右下のような結果になりました！

おおー、これはスゴイな！　売上高が増えてるのは当然だけど、営業利益がそれ以上に増えてる！

しかも、販売数量は変わらず合計で3,000個ですよ。販売構成を見直しただけで、営業利益が増えちゃうんです！

　このカラクリは、採算性が良い＝変動費の割合が少ない辛旨カレーパンをより多く売ることで、全体として変動費の割合が減ったことにあります。**変動費が減った分、限界利益が増え、固定費の額に変化はないので、営業利益が増えた**のです。

　製品1個当たりの変動費を減らすことは、難しいことですが、変動費のより少ない製品をより多く売ると、同じ効果が生まれます。

副社長、直接原価計算をこんなふうに使ってくださいね。

これはいいことを聞いたなあ。感動した！

⑩ 「損益分岐点」のこと、 副社長、知ってました？

赤字になりにくい会社の体質をつくりましょう

 直接原価計算と同じ考え方で、会社の費用と利益を分析する手法もあるんです。「損益分岐点」っていうんですけど、副社長、知ってました？

 うーん、名前は聞いたことがあるな。経理部長が会議でいってた。

 しょうがないなー。原価や原価計算はともかく、経営者なんだから損益分岐点くらいは知っててくださいよ。

 すみません。私が悪うございました。……ん？　何だこの展開は？

　損益分岐点——正確にいえば「損益分岐点分析」は、会社の経営体質を判定したり、体質の改善を図るための経営分析の手法です。

●要は「儲ける会社かどうか」です

　「体質」と聞くと、あいまいな印象を受けますが、要するに、**会社全体として固定費が多かったり、変動費の割合が高かったり、売上がギリギリで黒字と赤字の間を行ったり来たり、といったこと**です。

　そうした会社の体質を見るための損益分岐点とは、損と益が分かれる、つまり損も益もゼロの売上高をいいます。売上高が損益分岐点を上回ると利益が出て、損益分岐点を下回ると損失、すなわち赤字です。

つまり、赤字と黒字の分かれ目ってわけです。今、会社は赤字なんだから、これくらい知っててくださいよ。

すみません。私が悪うございました。……ん？（下剋上？）

　損益分岐点は、次ページ「損益分岐点の図」の下側の計算式で求められます。しかし、考え方を理解するには、上側の図を見るほうがわかりやすいでしょう。図の横軸は売上高を、縦軸は費用をあらわしています。ここに、まず引くのが売上高の変化をあらわす線です。右上に向かって伸びる対角線を「売上高線」と呼びます。

　次に引くのは、固定費をあらわす線です。固定費は、売上高に応じて変化しないので、水平な線になります。これが「固定費線」です。
　一方、変動費は売上高に比例して増加するので、変動費の線は、変動費の割合に応じた角度で、右上に向かって伸びる線になります。ただし、変動費は固定費にプラスされるので、その場所は固定費線の上です。これが固定費と変動費の合計をあらわす「総費用線」になります。

　この総費用線と売上高線が交差する点が、「損益分岐点」です。損益分岐点では、総費用と売上高が同じなので、損も益も出ないわけです。損益分岐点より上の売上では、売上高線と総費用線の間隔の分、利益が出ます。反対に下では、売上高線と総費用線の間隔の分が損失です。

売上高が大きいほど黒字の幅が大きくなり、売上高が小さいほど赤字の幅が広がるってわけです。

そんなの当たり前じゃん。

当たり前だと思うなら、赤字を何とかしてくださいよ～。

では、会社の赤字を何とかするには、どうしたらいいでしょうか。

●「損益分岐点」を求めるには●

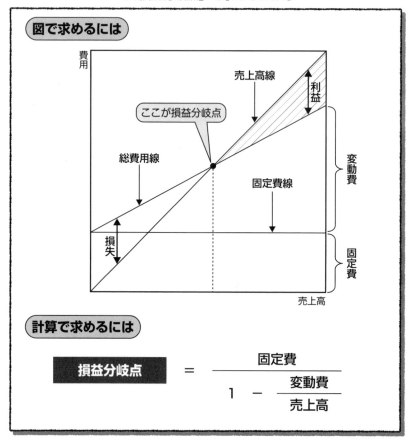

図で求めるには

費用

売上高線

ここが損益分岐点

利益

総費用線

固定費線

変動費

損失

固定費

売上高

計算で求めるには

$$\text{損益分岐点} = \cfrac{\text{固定費}}{1 - \cfrac{\text{変動費}}{\text{売上高}}}$$

●赤字体質から黒字体質に変えるには……？

　ここで上の損益分岐点の図と次ページの図を比べてみると、次ページの図のほうが、小さな売上高で利益が出ていることがわかります。

　損益分岐点が低いほど、黒字になりやすく、赤字になりにくい会社なのです。反対に損益分岐点が高いほど、黒字にするためには大きな売上高が必要。つまり、黒字になりにくい、利益が出にくい体質の会社です。

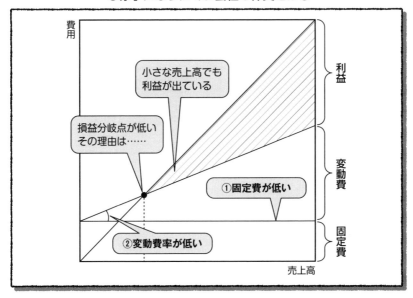

●赤字になりにくい会社の体質とは●

 損益分岐点が低い会社は、より小さな売上高でも黒字になるんです。それなのに副社長は、売上を上げることばかり考えて……。

ホントにすいません。……ん？（ホントにオレが悪いの？）

　では、損益分岐点が低い会社にするためには、どうしたらいいでしょうか。これも、損益分岐点の図からわかります。

　前ページの図で、もし固定費線を下げることができれば、それだけで損益分岐点が下がります。また、変動費線の角度を下げることでも、損益分岐点を下げることが可能です。

　つまり、**固定費の総額を減らし、原価に占める変動費の割合を減らすことで、損益分岐点を低くすることができます**。それには、ムダな設備投資をやめるなどして固定費を減らす、製造原価を見直して変動費の割合を下げるなどの努力が大切です。

175

「損益分岐点分析」、知っておいてくださいね

限界利益率を求めると計算が簡単になります

じゃ次、損益分岐点分析の使い方を説明しますから、これも知っておいてくださいね。

すいません……ってか、直接原価計算から後、キャラ変わってないか？

直接原価計算であんまり副社長が感動してたもんで、ちょっとエラそうにしてもいいかなって。副社長が謝るのがおかしくって、あははは。

174ページでも見た損益分岐点の売上高を求める計算式を整理してみましょう。

右ページの図のいちばん上が損益分岐点の式です。この分母のややこしい式は、限界利益の売上高に対する割合「限界利益率」（限界利益÷売上高）になります。

●限界利益率で「損益」が計算できてしまうの？

そこで、損益分岐点の式も整理すると、図のように「固定費÷限界利益率」という簡単な式になります。

この損益分岐点と限界利益率を使うと、直接原価計算で見た売上高や利益のシミュレーションも、より簡単に行なうことが可能です。

副社長なんだから、これくらいは知っておいてくださいよ……えーと、あはははは。

◉「限界利益率」で損益分岐点の売上高が計算できる◉

損益分岐点 $=$ 固定費 $/ \left(1 - \dfrac{変動費}{売上高}\right)$

損益分岐点 $=$ $\dfrac{固定費}{限界利益率}$

例

売上高	1億円
変動費	2,500万円
固定費	6,000万円
利益	1,500万円

限界利益率 $=$ 限界利益 $÷$ 売上高

$=(1億円－2,500万円)÷1億円$
$=75\%$

損益分岐点 $=$ 固定費 $÷$ 限界利益率

$=6,000万円÷75\%$
$=8,000万円$

笑ってごまかすな。またエラそうなキャラになって、おちょくる気だったな。

　まず、限界利益率と損益分岐点を求めてみましょう。上図の例のような会社があったとして、それぞれを式にあてはめてみると、限界利益率が75％、損益分岐点8,000万円と計算できます。
　ではこの会社が、来期の利益20％増、1,800万円の目標を掲げたと

して、いくらの売上を上げれば目標を達成できるでしょうか。

　このような目標利益売上高は、損益分岐点の式を少し直すだけで求められます。損益分岐点というのは要するに、固定費をまかなって損益がゼロになる売上高のことです。ですから、その固定費に目標利益を足せば、その目標利益を達成できる売上高の計算に変わります。

　次ページの図のように、1,800万円の利益を達成できる売上高は、1億400万円と計算できました。

> おー、これは簡単だな。

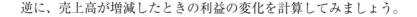

　逆に、売上高が増減したときの利益の変化を計算してみましょう。

●損益分岐点で売上高と利益をシミュレーションしよう

　たとえば何か社会的な問題が起きて、会社の売上が落ちそうなときは、売上高が下がった場合の利益の計算も必要になるでしょう。

　そこで先の会社が、来期の売上高10％減、9,000万円の計画を立てたとして、利益はいくらになるでしょうか。

　損益分岐点の式には直接、利益が出てきませんが、これは直接原価計算によって「利益＝限界利益―固定費」とわかっています（→Ｐ167参照）。

　そこで、限界利益の式を利用して、「限界利益＝売上高×限界利益率」とすれば、売上高が9,000万円に減ったときの利益を計算することが可能です。結果は、右の図のように750万円の利益と計算できました。

　もちろんこの計算は、売上高が上がる場合にも使えます。

　このように損益分岐点分析の手法を使うと、売上や利益のシミュレーションも簡単にできます。

> これで私の提案は終わりです。長いこと、話を聞いていただきありがとうございました。……でも、もうちょっと提案したかったな。ほかにも、いろいろあると思うんですよね。

◉損益分岐点で売上高と利益をシミュレーション◉

目標利益を達成する売上高

例 目標利益 1,800万円

損益分岐点 ＝ 固定費 ÷ 限界利益率

目標利益売上高＝（固定費＋目標利益）÷限界利益率
　　　　　　　＝（6,000万円＋1,800万円）÷75%
　　　　　　　＝10,400万円

売上高が増減したときの利益額

例 売上高10%減 9,000万円

限界利益 ＝ 売上高 × 限界利益率

限界利益＝9,000万円×75%
　　　　＝6,750万円

利益 ＝ 限界利益 － 固定費

利益＝6,750万円－6,000万円
　　＝750万円

それなら、顧問税理士さんに話を聞いてみたら。連絡して私からお願いしとくから、次回、来社されたときにお話を聞くといい。

ありがとうございます！　そうしてみます。

●第４章まとめ●

Ⅰ. 原価を管理するためには、製造はもちろん、営業や総務・労務・経理など、社員全員が「コスト意識」を持つことが大切です。

Ⅱ. 原価計算と名の付くものには、「標準原価計算」「直接原価計算」「実際原価計算」の３つがあります。

Ⅲ. 原価というものの考え方にも、「標準原価」と「実際原価」、「製品原価」と「期間原価」、「全部原価」と「部分原価」の３つがあります。

Ⅳ. 「標準原価計算」は、「原価差異」を分析して原因を追及することで、原価の管理ができる原価計算です。

Ⅴ. 「標準原価」は、さまざまな「原価標準」を基に、細かく定められます。

Ⅵ. 「直接原価計算」は、原価を「固定費」と「変動費」に分けて、変動費だけを取り出して行なう原価計算です。

Ⅶ. 直接原価計算では、製品の採算性の比較や、売上・利益のシミュレーションなどができます。

Ⅷ. 「損益分岐点分析」は、「限界利益」の考え方を使って、会社の経営体質の改善や、目標売上高・目標利益などの計算ができる分析手法です。

こんなところにも
黒字の法則が

顧問税理士さんに聞いちゃいました

1 今度はサービスの原価も計算しちゃいます

ＡＢＣ＝「活動基準原価計算」って何だろう……

というわけで、お話をしにきましたよ、高井さん。

 あ、これは顧問税理士のウメダ先生。お時間をとっていただき、ありがとうございます！

社員のみなさんの、経営や会計に関する相談にのるのも税理士の仕事だからね。で、原価の話？　これまで、どんなことを調べたのかな？

 こういう本を読んで、副社長に提案したんですけど……。

あ、これはちょっと古い本ですねえ。今はね……。

　現在では、これまで説明してきた原価計算に加えて、新しいタイプの原価計算が開発され、いろいろなところで採用されています。その名を「ＡＢＣ」といい、日本語では「活動基準原価計算」と呼ばれる新しい原価計算です。

●間接費の配賦が適切にできるんです

　ＡＢＣの最大の特長は、従来の原価計算で大きな問題だった間接費の配賦を、より適切な方法で割り当てられるようにした点にあります。
　そのため、**従来の原価計算を利用できなかった販売業やサービス業の会社、さらに官公庁や地方自治体でも、ＡＢＣが取り入れられている**のです。

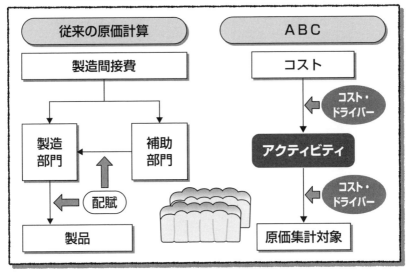

●従来の原価計算とＡＢＣの割り当て方の違い●

後で詳しく説明しますが、ＡＢＣでは間接費の配賦に代わって、「アクティビティ」と「コスト・ドライバー」という考え方で、製品やサービスにコストを割り当てます（上図参照）。

> たしかに間接費の配賦って、ちょっとテキトーな感じがしてたんですよね。直接費は、最後の段階の製品までちゃんと割り当てるのに、間接費はまとめてエイヤッて割り振ってる感じが。

　従来の原価計算の方法では、間接費がまとめて配賦されるのはやむを得ないことです。また、従来の原価計算が開発された昔は、それで問題がありませんでした。

　製造業は大量生産が主流で、そうした大量生産では直接費の割合が高く、少額の間接費は原価に与える影響が小さかったからです。

　さらに、製造業以外の会社では直接費の割合が低いため、間接費の管理が大切ですが、これもあまり重要に考えられていませんでした。経済の中心は製造業の会社で、製造業以外の割合が低かったためです。

183

しかし、現代社会は違います。販売業やサービス業が経済に占める比重は重くなり、それらの業種の原価計算も重要さを増しています。

しかも、製造業自体も大きく変わっているんだ。ほら、御社でも生産管理とか、品質管理の担当を置いてるでしょ。

現代では、製造業も大きく変わり、大量生産から多品種少量生産に移っています。また、製造工程の機械化やシステム化が進み、機械の保守管理や生産管理、品質管理、在庫管理など、製造を間接的に支援する業務、管理する業務の間接費が大きく増えています。

製造業でも、間接費を適切に把握できる原価計算が必要とされたのです。

そこで、1980年代のアメリカで生まれたのがＡＢＣってわけだ。

1980年？　私が生まれる前なんて全然、新しくないじゃないですか。

何いってんの。標準原価計算なんか、1870年ごろにできたって、いわれてるんだよ。

ふ、古っ！　それに比べたら、新しいですねー。にしても「ＡＢＣ」って簡単な名前だけど、どんな意味なんですか？

ＡＢＣは、Activity-Based Costingの略、アクティビティをベースとした原価計算の意味です。

●「アクティビティをベースにした原価計算」って何だ？

ＡＢＣによって、製造業では製造間接費だけでなく、販売費および一般管理費に分類される**営業や、総務・労務・経理などのコストを含**

●「アクティビティ」とはどういうものか●

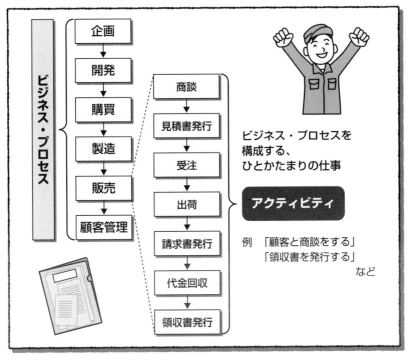

めて、原価が計算できるようになります。

　また、販売業では仕入原価以外の原価を、サービス業では一定単位当たりのサービスの原価を計算することが可能です。

　さらに、官公庁や地方自治体、医療機関などでも、ＡＢＣによって原価を計算し、運営に役立てることができるようになっています。

ＡＢＣって、何でそんなことができるんですか？

それはアクティビティという考え方によるところが大きいね。アクティビティごとに、アクティビティ・コストというものを計算するんだ。たとえば、領収書を１枚発行したら300円、とか。

こ、細かっ！　でも、そういうの好きだな。コスパのよし悪しがすぐわかるもの。

細かいのが好きって、変わってるねえ～。

　アクティビティは、「**ビジネス・プロセスの一部を構成する、ひとかたまりの仕事**」とされています。ＡＢＣを会社に導入する際は、まず会社のビジネス・プロセスを明確にするのですが、それを細分化したものがアクティビティです。

　アクティビティは、「○○を××する」という形で定義され、そのアクティビティを行なうための人件費などを集計して、「アクティビティ・コスト」が計算されます。

　そして、たとえば製品Ａを１個売るために「顧客と商談をする」から「領収書を発行する」までの、すべてのアクティビティ・コストを集計すると、製品Ａを１個売るための販売のコストが計算できるというわけです。

●コスト・ドライバーって考えも知っておきましょう

もうひとつ、従来の原価計算とＡＢＣの大きな違いは、コスト・ドライバーの考え方だよ。

コスト・ドライバーって、配賦基準と同じじゃないんですか？

違う。飲み会の幹事と、お店の会計責任者ほど違う。

わ、わけのわからない、たとえを……。先生、それじゃ余計にわからなくなりますよ。

　コスト・ドライバーと配賦基準の違いは、**直接の因果関係があるも**

のを基準にするかどうかという点です。たとえば、飲み会のお勘定を幹事が、部長・課長・女性・その他と分けた場合、部長・課長・女性の違いと、お勘定の額は直接の因果関係がありません（→P99参照）。

　しかしコスト・ドライバーは、直接の因果関係があるものを基準にします。飲み会でいえば、お店の店員が、この人はビールをコップ○杯飲んで、から揚げを△個、枝豆を□個食べたから××円、と割り当てるようなものです。

　もう少し具体的な例をあげると、たとえば従来の原価計算では、工場事務の人件費を製造部門に割り振るときに、製造部門の人数を配賦基準にしたりします。
　一般論として、人数が多いほうが事務量も増えるからですが、工場事務の人件費と製造部門の人数には、直接の因果関係はありません。

　これに対して**ABCでは、たとえば事務員の人件費を「領収書を発行する」というアクティビティに割り当てるときに、実際の領収書発行に要する時間を基準にします。**直接の因果関係があるものを、コスト・ドライバーにしているわけです。

　コスト・ドライバーは、日本語で「原価作用因」と訳されていますが、文字どおり原価に作用して変動させる原因が、コスト・ドライバーとして使われます。

> ＡＢＣもやっぱり、費目別計算をしてアクティビティに割り当てるんですか？

> ちょっと違うな。アクティビティはリソースを消費するんだ。「また、わけがわからないことを……」と思うかもしれないけど。

　従来の原価計算は、費目別・部門別・製品別の３ステップで原価を集計していました（→Ｐ107参照）。これに対してＡＢＣでは、原価の集計の過程を190ページの図のように「リソース」「アクティビティ」「コスト・オブジェクト」の３つに分けて考えます。

●出てくる用語が、やたら横文字〜（涙）

　「リソース」とは、アクティビティを行なうために必要な経営資源のこと。**具体的には製品をつくるための材料や人、設備など**ですが、集計のために金額に置き換えたものを「リソース・コスト」といいます。

　リソース・コストは、従来の原価計算と同じく「材料費」「労務費」「経費」に分類し、具体的には「原材料費」「給料」「減価償却費」「賃借料」などの、財務会計上の金額になります。

> 今までの原価計算と同じように思うかもしれないけど、違うんだ。ほら、従来の原価計算では、費目別計算から直接費と間接費の分類が始まってたでしょ？

　ＡＢＣでは、直接費と間接費の分類をしません。ここで185ページの図をもう一度見てください。

　「販売」のビジネス・プロセスだけでも、７つのアクティビティがありますが、同じように「企画」「開発」から「顧客管理」までのビジネス・プロセスにも、たくさんのアクティビティがあります。そのすべてのアクティビティに、リソースのほとんどを割り当てるのです。

　これを**「アクティビティはリソースを消費する」**といいます。

　このときに使うコスト・ドライバーが「リソース・ドライバー」です。たとえば、事務員の給料を販売プロセスの「領収書を発行する」アクティビティに割り当てる場合は、事務員の作業時間がリソース・ドライバーになります。

　同じように、原材料費では数量や重量が、建物の減価償却費などでは事務所の床面積がリソース・ドライバーです。

> リソース・ドライバーによって、アクティビティに割り当てたリソース・コストを集計すると、そのアクティビティのアクティビティ・コストになるんだよ。

> 領収書を１枚、発行すると300円、みたいな？　これってコスパが関係してる話のような。

　次に、アクティビティ・コストを「コスト・オブジェクト」に割り当てます。日本語では「原価集計対象」ですが、コスト・オブジェクトと呼ぶのは、製品だけがコスト・オブジェクトではないからです。

　一定単位のサービスはもちろん、ビジネス・プロセスや、従来の部門別計算のように、**部門をコスト・オブジェクトにもできます。**

　さらに、コストを集計する過程とは関係がない、地域や店舗別、顧客や担当者別といったコスト・オブジェクトの設定も可能です。

　アクティビティ・コストを、コスト・オブジェクトに割り当てるには、「アクティビティ・ドライバー」を使います。これを**「コスト・オブジェクトはアクティビティを消費する」**といいます。

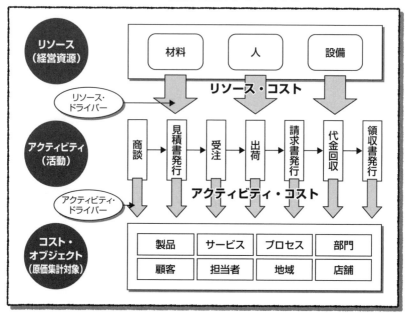

●ＡＢＣで原価を計算するしくみ●

リソース（経営資源）：材料／人／設備 → **リソース・コスト**

リソース・ドライバー

アクティビティ（活動）：商談／見積書発行／受注／出荷／請求書発行／代金回収／領収書発行 → **アクティビティ・コスト**

アクティビティ・ドライバー

コスト・オブジェクト（原価集計対象）：製品／サービス／プロセス／部門／顧客／担当者／地域／店舗

あれ？　でも、アクティビティ・コストはもう計算されてるから、コスト・ドライバーなど使わなくても、ただ集計すればいいのでは？

コスト・オブジェクトは自由に設定できるから、アクティビティ・ドライバーが必要なんだよ。

　たとえば「製品Ａを、担当者Ｂが、顧客Ｃに販売した」という場合で、「領収書を発行する」というアクティビティを考えてみましょう。製品・担当者・顧客のどれをコスト・オブジェクトにするかで、割り当てる領収書発行アクティビティの数が違ってきます。

　そこで、そのコスト・オブジェクトがアクティビティをどれだけ消費したかを測り、アクティビティ・ドライバーによって割り当てる必要があるのです。

③ 「ＡＢＭ」で　コストダウンしましょう

ＡＢＭ＝「活動基準原価管理」って何だろう……

もうひとつ、ＡＢＣを利用したコストダウンの方法を教えちゃおうかな。

 コストダウン！　いいですねー、私、値下げが大好きです。

値下げっていっても、売り値を下げるわけじゃないけど。

 値段が下がるのは、何でもかんでもいいことですって！

　ＡＢＣについて書かれた記事などで、ときどき「ＡＢＣ／Ｍ」「ＡＢＣ／ＡＢＭ」と書かれているのを見かけることがあります。これは「ＡＢＣとＡＢＭ」という意味です。

●ＡＢＣとＡＢＭを比べてみましょうか……

　「ＡＢＭ」とは、Activity-Based Managementの略で、日本語では「活動基準原価管理」と訳されたりします。ただしその内容は、原価管理というよりも、ＡＢＣの考え方と計算過程を利用した、会社全体としての経営管理の手法です。

　そこでまず、ＡＢＣとＡＢＭを比べてみましょう。

　ＡＢＣでは、製品ごと、部門ごと、店舗ごとなどの、間接費を含めた正確なコストを知ることができます。それによってたとえば、採算性の悪い製品を製造中止にしたり、利益率が高い店舗に積極的に投資し

て売上を伸ばしたりと、会社の事業を再編することが可能です。

いいことじゃないですか。ＡＢＣのほかに、ＡＢＭなんて必要ですか？

しかし、ＡＢＣにもひとつ問題があるんだ。

実はＡＢＣでは、アクティビティそのものの問題がわかりません。一つひとつのアクティビティが本当に必要なのかや、アクティビティ・コストに見合った効果があるのかなどはチェックしないからです。

ですから、ＡＢＣを導入すれば、それだけでコストダウンができるということにはなりません。

それはマズいですね。知らずに無駄なアクティビティをしていたら、仕事のコスパが下がってしまいます。

……まあ、そういうことだね。そこでＡＢＭの出番なんだ。

そこでＡＢＭでは、次ページの図のようにアクティビティそのものを問題にします。そのアクティビティが必要なものかどうかや、実際にどの程度、利用されているかなどをチェックするわけです。

●ＡＢＭではアクティビティそのものを問題にする……って？？？

なぜそれが可能かというと、ＡＢＣを導入する過程で会社のビジネス・プロセスの明確化（→Ｐ186参照）や、アクティビティとコスト・ドライバーの分析が行なわれるためです。その中では当然、アクティビティそのものの問題点がチェックされます。

たとえば、**必要のないアクティビティや、あまり利用されていないアクティビティがあったら、それらを廃止したり、人員を削減する**などの対策をとることによって、全社的なコストダウンが可能です。

◉「ＡＢＭ」はＡＢＣを利用してコストダウンをする◉

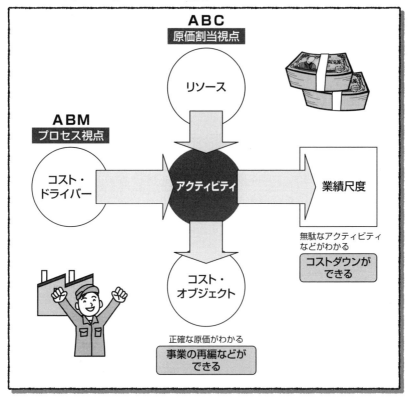

たとえば企業間の取引で、代金の支払いが振込みで行なわれるケースでは、実は領収書の発行が必要ないという場合がある。それを、以前からの習慣で漫然と発行し続けていると……。

 領収書発行のアクティビティは１枚300円だから、月に100枚発行したとして３万円、年間だと36万円の無駄なコストですね。

さすがに計算が速いなあ。これを廃止すれば、年間で36万円のコストダウンができるってことだよ。

このように、コスト・ドライバー → アクティビティと見ていくことを、ＡＢＭでは「**ＡＢＣのプロセス視点**」といいます。

一方、ＡＢＣのリソース → アクティビティ → コスト・オブジェクトと見ていく視点は、原価を計算するためのものなので、「原価割当視点」または「原価集計視点」と呼びます。

プロセス視点では、そのアクティビティでどれだけのコストが発生しているのか、なぜ発生しているのかといったことがわかります。

では、**コスト・ドライバーは何か、消費しているリソースは……と順に追っていけば、「業績尺度」もわかります。**

つまり、コストダウンのためには、何を尺度にすればよいのかということです。

なるほど、ＡＢＣだけではコストダウンは無理だからＡＢＭでコストダウンしようってことですね。コスパも大事だけど、コスダも大事だな、うん。

コストダウンをコスダっていうか？　フツー。

ＡＢＭはこのようにして、全社的なコストダウンを可能にします。

ですから現在では、コストを正確につかむためのＡＢＣと、コストを下げるためのＡＢＭを、一体のものとして活用することが多くなっているのです。

それが、「ＡＢＣ／ＡＢＭ」という書き方の意味です。

さらに現在では、「ＡＢＢ」というものも登場しています。

ＡＢＢはActivity-Based Budgetingの略、日本語にすると「活動基準予算管理」です。ＡＢＢでは、ＡＢＣとＡＢＭのデータを基に、アクティビティ別に予算をつくり、管理します。

④ 副社長！　経営の意思決定のための原価ですって

「特殊原価調査」とはどういうものか

 ウメダ先生！　副社長に、直接原価計算の話をしたら、すごく感動してました。私のキャラ変更にも驚いてましたけど。

 直接原価計算でキャラが変わる？　意味わかんないけど……。じゃ後は、機会原価の話をしておこうかな。

　これまで見てきた原価計算は、ＡＢＣも含めて毎月、継続的に行なわれるものです。つまり、制度として継続的に行なわれる原価計算＝原価計算制度です（→Ｐ51参照）。

　しかし、**原価計算制度で求められる原価では、データとして役立たない場合もあります。**たとえば、経営計画の立案や、特殊なケースの経営判断のためのデータがほしいという場合です。

　そのようなとき、ふだんは行なわない臨時的な調査や計算を行ない、「差額原価」「機会原価」「付加原価」といった特殊な原価を求めることがあります。これらを「特殊原価調査」といいます。

 差額原価、機会原価、付加原価？　どんなときに使うんですか？

 主に経営者や管理者が、ふだんはしないような意思決定を求められるときだね。

 それって副社長にピッタリじゃないですか。後で教えてあげよう！

　特殊原価調査が必要になるのは、主に経営の意思決定が求められた

195

ときです。

　たとえば、来期に新事業を起ち上げるプランがあったとして、そのプランには必ず代替案があります。

　新事業を起ち上げないで今ある事業を広げる、別の新事業を起ち上げる、その事業分野の会社を買収する、などです。

　それらを比べて、ひとつを選ぶ意思決定をしなければなりませんが、特殊原価調査はその意思決定のために、原価のデータを提供します。

　ですから、特殊原価調査も広い意味では原価計算です。しかし、継続的に行なわれるわけではなく、必要に応じて行なわれるので、原価計算制度の範囲外になります。

　特殊原価調査は、原価計算制度と並ぶ原価計算の２大領域なのです。

　特殊原価調査の原価を、軽く説明しておこうかな。まず、差額だけを計算する原価。

 　差額だけ計算する……そんなことして、いいんですか!?

　差額原価は、代替案と共通する部分は無視し、差額が出る部分だけを計算します。原価計算制度では認められないことなので、典型的な特殊原価調査のひとつです。

　たとえば、製品の追加生産を意思決定する場合に、追加生産で影響を受けない部分は無視し、影響が出る部分だけを計算して、追加生産をした場合、しない場合を比べたりします。

　すべて計算するより、短い時間で計算結果が出るので、スピーディーな意思決定につながるのがメリットです。

　次は、名前から内容が想像できないんだけど、機会原価。

 　機会の原価？　チャンスをもらうためにお金を払う、みたいな？

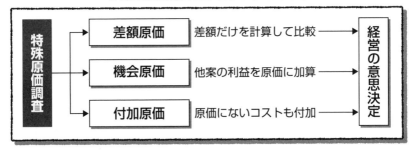

●特殊原価調査とはどういうものか●

意外といいとこ突いてくるなあ。それに近いよ。

　機会原価の考え方では、他の代替案で得られる利益を、別の案の原価として加算します。ひとつの案を選ぶということは、他の代替案で得られる利益を失うことだからです。

　複数ある代替案の中から、最も有利な案を選ぶための方法として使います。たとえば、製品の追加生産をする案と、しない案があるとき、追加生産をしたときに得られる利益を、追加生産をしない案の原価として加え、どちらが有利かを判断するわけです（→P199で解説）。

　3番目は付加原価。原価にあらわれないコストを、原価に付け加えるんだよ。あらら、ポカンとした顔してるけど、ついてきてね。

　付加原価は、実際の支出がなく、原価の計算にもあらわれないコストを、原価の計算に付け加えるものです。

　たとえば、あるプロジェクトに自社所有の土地を使うとき、実際には土地に関するコストは発生しませんが、土地の賃貸料を原価に付け加えます。その土地を使わず賃貸していれば、賃貸料の収入があったはずだからです。

　特殊原価調査の代表的なものとして、次項で機会原価を見ておこうかな。

⑤ 逃がした魚、じゃなくて 利益が原価になる？

最も有利な案を選ぶ「機会原価」の考え方を押さえよう

> 機会原価って、代替案の原価を加算するんですよね？

> 違うよ。代替案の利益を、原価に加算するんだ。

> あー、ややこしい！　利益なのに「原価」なんて名前、付けるなよ！（あ、ウメダ先生の前で素の言葉遣いが出てしまったわ。いかん、いかん。）

　機会原価とは、ひとつの案を選択するときに、他の代替案から得られたはずの利益のことをいいます。

●逸失利益と機会原価のカンケイは？

　Aという案を選択するということは、Bの代替案を捨てるということです。B案から得られたはずの利益も、捨てることになります。

　そこで、**A案の選択という意思決定をするときには、B案を選択すれば得られたはずの利益をA案の原価として加算し、A案の利益を計算してB案と比べる**というのが機会原価の考え方です。

　この場合、B案から見れば逸失利益ですが、A案から見れば加算される原価なので、「機会原価」と呼ばれています。

> 得られたはずの利益を、原価に足すってとこがピンときませんねー。何か、たとえを使って解説していただけませんか？

　たとえば、ケイ子さんの会社の工場がある地域でイベントがあって、昼食用のサンドイッチができないか、問い合わせがあったとします。

●機会原価で計算してみると●

 A案 注文を受けない（損益０円）　 B案 注文を受ける（利益５万円）

⬇ A案を選択すると……

普通の計算

⬇ 売上増０円 − 原価増０円 ＝ 損益０円

機会原価の計算

売上増０円 − （原価増０円 ＋ 機会原価５万円）
　　＝ ５万円の損

この注文を受けると５万円の利益が出ますが、ふだんはそれほどの量のサンドイッチをつくっていないので、追加生産をしなければなりません。さて、注文を受けなかったときと、受けたときの損益はどうなるでしょうか？

 注文を受ければ５万円の利益が増えるけど、受けなくても別に損はしないから、わざわざ追加生産しなくても……。

さて、それはどうかな？

注文を受けない場合をA案、注文を受ける場合をB案としましょう。

通常の計算では、A案を選択すると損も益も変わりません。売上も増えない代わり、原価も増えないので、損益の変化はゼロになるからです。別に損をするわけではないから、注文を受けないA案でもいいや、と考えてもいいように思えます。

では、機会原価を計算してみましょう。

機会原価の考え方では、原価にB案で得られたはずの利益５万円を加算します。すると、通常の計算ではゼロだった損益が、マイナス５

万円の損になるのです。注文を受けないＡ案は、損益ゼロではなくて、実は５万円の損だったと考えられます。

5万円の損っていわれると、けっこう大きく感じますね。逃がした魚……じゃなくて、利益は大きく感じるってことかな。

そう感じさせるのが機会原価のいいところかもね。じゃもうひとつ、今度は機会原価で、売り損じの問題を考えてみよう。

●「売り損じ」を原価で考えてみると……

売り損じの問題では、よく機会原価の考え方が利用されます。

先の追加生産の問題も売り損じの一種といえますが、実際によくあるのは、商品の品切れでお客がきても販売できない売り損じや、材料の在庫切れで注文があっても製造できない売り損じです。

とくに消費期限の短い食品などでは、つくる量が少なければ売り損じ、多過ぎれば売れ残って食品ロスになるので、製造量の意思決定が難しくなります。

ではここで問題です。ある日、御社の生食パンが売れる量を200斤と予測してつくったところ、300斤分のお客がきてしまいました。この場合の損益はどうなる？

生食パンは、その日のうちに売り切らないとねー。つくった200斤全部、完売したんだから普通なら、「やったね！」って喜ぶとこだけど。やっぱり機会原価なんでしょう？

そういうことなんです。

つくった200斤がすべて売れたわけですから、普通の計算ではその分の利益がまるまる出て、何もいうことはありません。

しかし、機会原価で考えると、300斤分のお客がきたのですから、売り損じの100斤分が機会原価になると考えられます。200斤つくるという案のほかに300斤つくる案もあったと考えられるからです。

200斤つくる案をA案、300斤つくる案をB案とすると、B案を選択したら得られたはずの、100斤分の利益が機会原価になります。

●つくり過ぎて売れ残った場合は……？？

> では、次の問題です。別の日、生食パンを300斤つくったところ、雨が降ったせいで売行きが悪く、売れ残りそうになりました。原価割れの半額で安売りしようと思いますが、その場合の損益は？

> 原価割れはヤバいでしょう！　売れば売るほど赤字になるんだから。

> それがそうでも、ないんだなあ。

安売りしないのをA案、安売りするのをB案とします。機会原価で考えてみると、A案では、B案の安売りで売れたはずの分の利益が機会原価になります。

B案は原価割れなので、利益がないように見えますが、利益は売上から原価を引いたものです。つくった分の原価は、売れても売れなくても変わらないので、安売りでも売上が上がれば上がった分、利益が増えます。

ただし、A案を選択して通常価格で閉店時間まで売り続けても、いくつかは売れるかもしれません。その場合、A案で売れたはずの分の利益が、B案の機会原価になります。

つまり、**安売りをしなかった場合の利益と、安売りをした場合の利益と、どちらが大きくなるかという予測が、選択のカギ**になるわけです。

原価割れの安売りは、最初から選択肢にならないというわけではありません。

●商品（パン）を床に落としたときの機会原価は？

では次は、少し簡単な問題。売り物の生食パンを1斤、高井さんが床に落としてしまいました。この場合の機会原価は？

私は、パンを落としたりしませんって！……といいたいところだけど、機会原価の問題なんですよね。エート、落とさなければ得られたはずの利益が機会原価？

　正解です。落としたのをA案、落とさなかったのをB案とすると、落とさなければ得られたはずの1斤分の利益が、落としたA案の機会原価になります。

おっもしろーい！　機会原価ってヤバいですねー。

えっ、別に悪いところはないと思うが。

違いますよ、すっごくいいってことです。

ああ、そういうことね。まったく最近の若い人のヤバいは、いいんだか悪いんだか、よくわからんよ。

では逆に、つくり過ぎてしまった場合は、どうでしょうか。

●大事なのは機会原価の計算より、考え方を理解することです

　たとえば、250斤売れると予測してつくったら、200斤分のお客しか来なかったとします。

この場合は機会原価ではなく、現実の損が発生するのです。消費期限の過ぎたパンは、廃棄するしかありませんから、売れ残った50斤分が現実の損としてあらわれます。

ではさらに、つくり過ぎたパンの1斤を誰かが落としてしまったらどうでしょうか。

この場合は、落とさなければ得られたはずの利益がありません。つくり過ぎたパンは廃棄されることになるので、落とさなくてもすでに利益は失われていたわけです。

いい方は悪いですが、落としても落とさなくても、現実の損が発生していたといえます。

こんなふうに、機会原価の考え方はいろいろややこしいところもあるけど、大事なのは機会原価を計算することより、その考え方を理解しておくことだよ。そうすれば、何か意思決定をしなければならないときに、そういう考え方ができるだろう？

ですよねー。機会原価だけじゃなくって、ＡＢＣも、直接原価計算も標準原価計算も、あのややこしい実際原価計算だって。そういう考え方や方法があることを知っておくだけで、必要なときに思い出せますもんね。

細かい計算や分類のしかたは覚えていなくても、きっと仕事の役に立つはずだ。

この本で私たちがお話ししたことが、読者のみなさんの仕事のお役に立つことを願ってまーす。

強引に締めるねえ。まあ、いいか。

●エピローグまとめ●

Ⅰ．ＡＢＣ＝「活動基準原価計算」では、製造原価はもちろん、サービスなどの原価も計算できます。

Ⅱ．ＡＢＣでは、「コスト・ドライバー」を使って、「リソース」から「アクティビティ」に、アクティビティから「コスト・オブジェクト」に、コストを割り当てます。

Ⅲ．コスト・ドライバーとアクティビティが、ＡＢＣの最大の特長です。

Ⅳ．ＡＢＣを利用した「ＡＢＭ」＝「活動基準原価管理」では、ＡＢＣだけではできないコストダウンができます。

Ⅴ．「特殊原価調査」は、原価計算制度と異なり、主に経営の意思決定のために行なわれる原価計算です。

Ⅵ．特殊原価調査のひとつ、「機会原価」では、複数ある案の中から最も有利な案が選択できます。

ケイ子のあとがき────────────この本のまとめ

最後まで読んでいただき、ありがとうございました。私の自分探し
──じゃなくて、原価の話の旅、いかがでしたか？　私は、とっても
勉強になりました。

プロローグでは最初、秘書課長に副社長のことを聞いただ
けなのに、なぜか原価の話になっちゃって。広い意味の原価
と狭い意味の原価があるなんて私、知らなかったなあ。
　でも、秘書課長ったら途中でめんどくさくなって、総務部長に振っ
たんですよね。ここから、私の原価探しのさすらいが始まったのね。

第１章では、工場出身の総務部長が、原価の中身の話をしてくれま
した。「原価の３要素」、「材料費」「労務費」「経費」、いきなり原価の
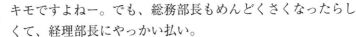キモですよねー。でも、総務部長もめんどくさくなったらし
くて、経理部長にやっかい払い。
「直接費」と「間接費」、「販売費および一般管理費」、「非
原価項目」、経理部長は親切に教えてくれたなー。

第２章は「原価計算」の話だったので、工場長のところへ。ふふ。
工場長ったら、副社長のことを坊ちゃんって呼んだりして。思い出す
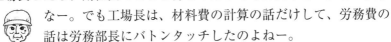なー。でも工場長は、材料費の計算の話だけして、労務費の
話は労務部長にバトンタッチしたのよねー。
労務部長は労務費の計算の話だけして（労務部長、話がよ
く脱線するから困ったわ）、経費の計算は製造部長に……。

第３章では、製造部長が原価計算を通して見せてくれました。「費
目別計算」「部門別計算」「製品別計算」……、製造部長の話、長かっ
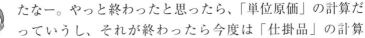たなー。やっと終わったと思ったら、「単位原価」の計算だ
っていうし、それが終わったら今度は「仕掛品」の計算

……。でもおかげで、原価計算のイメージがつかめたっていうか、全体像がわかったんですよね。

　で、第4章では、自信を持って副社長にご提案。製造部長に借りた本で勉強してね。

　副社長は、原価を管理する「標準原価計算」の話は、つまらなそうに聞いてたな。ああいう、原価に関心が薄いとこが、副社長の残念なとこよね。でも、「直接原価計算」の話は感動してた。売上と利益が正確に予測できるなんてマジックみたいだもんね。

　それに「損益分岐点分析」。次期社長としては、これくらい知っててもらわないと。

　最後は、顧問税理士さんにお話を頼んでくれたし。

　それでエピローグは、顧問税理士さんのお話。新しい……っていっても、私が生まれる前にできてる原価計算「ＡＢＣ」の話、経営管理の「ＡＢＭ」の話。

　それに、意思決定のための原価計算、「特殊原価調査」。あ、今度、副社長に教えてあげなきゃ。「機会原価」は、最適な案を選ぶっていう話だから、副社長に役立ちそうだし。

　とゆーわけで読者のみなさん！　ここまでお付き合いいただき、ありがとうございました。

　この本で私たちがお話ししたことが、みなさんのお仕事の役に立つことをお祈りしてますね。またどこかでお会いしましょう！

読者のみなさんは
「ヤバい人」に
ならないでね〜

高井ケイ子

梅田泰宏（うめだ　やすひろ）
1954年東京生まれ。公認会計士・税理士。中央大学商学部卒業。監査法人中央会計事務所（現・みすず監査法人）を経て1983年梅田公認会計事務所を設立。2004年社会保険労務士、司法書士との合同事務所「キャッスルロック・パートナーズ」を設立。現在、約250社に及ぶ様々な業種の中堅・中小企業並びに外資系現地法人に対し、財務指導から税務業務まで幅広くサポートしている。著書に、『領収書1枚で経理センスが身につく本』（東洋経済新報社）、『これだけは知っておきたい「税金」のしくみとルール』（フォレスト出版）、『わかる! 税金のしくみ』『わかる! 国際会計基準』（以上、ダイヤモンド社/共著）、『会計がわかれば会社のしくみが見える!』（ナツメ社）など多数。

知らないとヤバい「原価」と「黒字」の法則

2021年2月1日　初版発行

著　者　梅田泰宏 ©Y.Umeda 2021
発行者　杉本淳一

発行所　株式会社日本実業出版社　東京都新宿区市谷本村町3-29 〒162-0845
　　　　　　　　　　　　　　　　大阪市北区西天満6-8-1 〒530-0047
　　　　編集部 ☎03-3268-5651
　　　　営業部 ☎03-3268-5161　振　替　00170-1-25349
　　　　　　　　　　　　　　　　https://www.njg.co.jp/

印刷／理想社　製本／若林製本

ISBN 978-4-534-05831-7　Printed in JAPAN

経費で落ちるレシート・落ちないレシート

梅田泰宏
定価 本体 1400円（税別）

フリーランスのための「節税」の入門書。領収書・レシートが経費になるかどうかを、フリーランスと税理士との会話形式で解説。交通費・旅費・家賃から、ご祝儀・マンガ代・キャバクラ代まで。落とせる基準と落とすコツがわかる。

みんなが自分で考えはじめる
「15分ミーティング」のすごい効果

矢本 治
定価 本体 1500円（税別）

問題だらけの組織を活性化する「15分ミーティング」の方法を、日本初のミーティングコンサルタントがわかりやすく解説。現場のスタッフがさっと集まって話し合う習慣を取り入れて、前向き＆主体的な従業員を増やそう！

ダメ出しされない文書が書ける77のルール
ビジネス文章力の基本

奈良正哉
定価 本体 1400円（税別）

豊富な文例と77の明快なルールで、「1回読むだけで内容がわかる」「読みやすい構成とレイアウトになっている」「説得力がある」文章を書くノウハウが身につく。10年間、部下の文章を添削しつづけた著者が教えるビジネス文章術！

自己満足ではない
「徹底的に聞く」技術

赤羽雄二
定価 本体 1500円（税別）

マッキンゼー出身の著者が、多数に支持されたA4メモ書きと並ぶ手法を初めて解説。信頼され、問題の本質をつかみ、解決策を得られる！　ポジティブフィードバック、A4メモ書き、アイデアメモ、ロープレ等で解説！

定価変更の場合はご了承ください。